mathe
spielend lernen

Mathematik 8. Klasse
Kopiervorlagen für Spiele

von
Jürgen Haller

Herausgeber:
Reinhard Schmitt-Hartmann

Ernst Klett Verlag
Stuttgart Düsseldorf Leipzig

Gedruckt auf Recyclingpapier,
hergestellt aus 100% Altpapier.

1. Auflage

A 1 5 4 3 2 1 | 2004 2003 2002 2001 2000

Alle Drucke dieser Auflage können im Unterricht nebeneinander verwendet werden, sie sind untereinander unverändert. Die letzte Zahl bezeichnet das Jahr dieses Druckes.

Internetadresse: http://www.klett-verlag.de

Zeichnungen: J. Wassenberg, Freiburg

Umschlaggestaltung: E. Müller, Schwäbisch Hall

Repro: H & N Repro, Stuttgart

Druck: Druckhaus Beltz, Hemsbach. Printed in Germany.

ISBN 3-12-722870-8

Inhaltsverzeichnis

Einleitung

„Nirgendwo hat der Mensch mehr Scharfsinn an den Tag gelegt als in seinen Spielen."

Leibniz

Wir spielen in der Freizeit, nach Feierabend, in den Ferien und im Urlaub. Spielen macht Freude, entspannt, bringt Erfolgserlebnisse, stärkt den Zusammenhalt einer Gemeinschaft. Spielen ist - generell gesagt - eine Beschäftigung, die wir um ihrer selbst willen ausführen; wenn wir spielen, verfolgen wir damit in aller Regel keinen „ernsthaften", rationalen Zweck, wir wollen durch das Spiel nichts Weiteres erreichen. Was also haben Spiele in der Schule, im Unterricht verloren, wo vorgegebene Lerninhalte vermittelt werden müssen?

Nun: Zweckfreies Spielen im beschriebenen Sinne schließt nicht aus, dass ungewollt oder jedenfalls unbewusst über das Spiel auch Erfahrungen, Fähigkeiten und Wissen vermittelt werden. Das gilt gleichermaßen für alle Altersstufen. Ganz deutlich zeigt sich das bei Kindern. Dass sie spielen, gilt als notwendig und wünschenswert, weil das Spiel oder allgemein die spielerische Betätigung mit Neuem als wichtiger Bestandteil der Entwicklung anerkannt ist.

Erst später und allmählich schiebt sich konkurrierend die zweckgerichtete Unterweisung dazwischen und mit der Einschulung beginnt der „Ernst des Lebens" endgültig. Lernen durch Spielen tritt mehr und mehr in den Hintergrund. Mit fortschreitender Entwicklung der Heranwachsenden werden Spielen und Lernen letztlich gar als zwei unterschiedliche, nicht in Einklang zu bringende Beschäftigungen empfunden: Auf der einen Seite das Lernen als von außen geforderte, zweckorientierte Notwendigkeit, um sich - zunächst vor allem in der Schule - Wissen und Befähigung anzueignen, die wir in Beruf und Alltag benötigen. Auf der anderen Seite das Spiel als eine dem eigenen Antrieb entsprechende, weitgehend zweck- und zielfreie (Freizeit-)Beschäftigung, die hin und wieder sogar den Beigeschmack der Zeitverschwendung trägt („Das ist ja Spielerei!", „Der ist ja verspielt."). Spielen und Lernen scheinen zwei unvereinbare, sich ausschließende Tätigkeiten zu sein - eine Vorstellung, die auch an den Schulen nicht ganz spurlos vorübergegangen ist. Verleitet nicht auch die unleugbare und unvermeidliche Schwerpunktverlagerung vom spielerischen Lernen des Kindes zu seiner eher fachlich-formalen, eben „ernsthaften" Unterweisung förmlich dazu, die bloße Tendenz zum Prinzip zu erheben und Spielen aus dem wissenschaftlichen Unterricht zu verbannen?

Andererseits: Ertappen wir uns - die Erwachsenen - nicht selbst manchmal dabei, dass wir - meist unbewusst - gerne bereit sind, für ein Spiel und durch ein Spiel zu lernen? Gesellschaftsspiele mit Fragen aus den verschiedensten Gebieten der Allgemeinbildung, Quiz-Spiele im Fernsehen oder selbst anspruchsvollere Kreuzworträtsel seien hier als Beispiele genannt. Unterziehen wir uns diesem Lernprozess nicht sogar freiwillig?

Lernen über das Spiel wird also - und nicht nur von Erwachsenen - stets da gerne akzeptiert, wo es nicht als primär zweckgerichtete, sondern als vorwiegend lustbetonte Betätigung empfunden wird. Eben deshalb sind hierbei auch kaum Lernschwierigkeiten wie Konzentrationsprobleme zu beobachten. Wenn es gelingt, in gleicher Weise Spielen und Lernen auch im schulischen Unterricht zu verknüpfen, darf dort ein Motivationsschub erwartet werden.

Das Spiel stellt eine methodische Abwechslung dar, die den Schülern - dosiert angeboten - scheinbar eine Pause bietet und dabei doch auch schulische Fortschritte verheißt. Dabei ist nicht nur an die Einführung neuen Wissens gedacht, das durch Spiele im Unterricht vermittelt werden soll, sondern darüber hinaus auch an Stoffwiederholungen. Hier bieten Spiele den zusätzlichen Vorteil, dass sie wegen ihrer allgemeinen Akzeptanz die Gefahr der Langeweile auch bei guten Schülern mindern.

Ferner können durch Mannschaftsspiele das Gruppendenken und die Teamfähigkeit der Schüler gefördert werden. Die Schüler lernen, den eigenen Erfolg hinter den der Gruppe zu stellen. Das Spiel - und nicht der Lehrer - steht dabei im Mittelpunkt des Geschehens.

Durch eine wohl dosierte Zufallskomponente, die sich beispielsweise in Form von Würfeln, Jokern oder Risikofaktoren in das Spiel integrieren lässt, kann gerade schwächeren Schülern die Hoffnung und damit die Möglichkeit gegeben werden, einen Weg zurück ins Spiel und zum Erfolg zu finden, der einmal nicht von ihrer persönlichen Leistung abhängt. Resignation kann so abgebaut werden.

Aus all diesen Gründen darf und muss das Spiel mithin klar als ergänzendes Lehrmittel gelten und sollte auch als solches in den Unterricht eingesetzt werden. Lernen stellt, wenn unterstützt mit spielerischen Elementen, gegenüber einem streng-traditionellen Unterricht ohne Zweifel eine Bereicherung für Schüler und Lehrer dar. Schüler lernen so, dass Lernen - auch im Unterricht - Spaß machen kann.

\- - -

Die nachfolgenden Spiele und Spielvorschläge sind als Hilfe und Anregung für den Mathematikunterricht der 7. Klasse gedacht. Das Buch ist in einzelne Kapitel unterteilt. Jedes Kapitel ist zusätzlich in kleinere, übersichtliche Themenbereiche der jeweiligen Lerneinheit eingeteilt.

Die Spiele werden einzeln vorgestellt und erläutert. Dazugehörige Kopiervorlagen befinden sich immer auf der folgenden Seite, so dass ein unnötiges Suchen vermieden wird. Einige Spiele enthalten zusätzlich Kopiervorlagen, mit denen die Schüler Spiele selbst herstellen oder abändern können.

Jede Beschreibung beginnt mit einer Kopfleiste, die einen schnellen Überblick für den Lehrer verschafft. Was die Kopfleiste im Einzelnen aussagt, ergibt sich aus dem nachfolgenden Schema:

Kriterium	**Einteilung**	**Symbol**
Spieldauer	in Minuten z.B.: **20 - 30 Min**	
Einzel- oder Gruppenarbeit	Einzelarbeit	••••
	Kleingruppenarbeit	❖
	Anzahl der Gruppenmitglieder	z.B. : **4**
	Gruppenarbeit / ganze Klasse	■
Lautstärke	leise, ruhig	💣
	lebhaft	💣 💣
	laut	💣 💣 💣
Lerneffizienz	befriedigende Lerneffizienz	💡
	gute Lerneffizienz	💡 💡
	sehr gute Lerneffizienz	💡 💡 💡
Beliebtheit	beliebt	☺
	sehr beliebt	☺ ☺
	äußerst beliebt	☺ ☺ ☺

Es liegt in der Natur einer solchen Zusammenstellung, dass nicht alle diese Angaben verbindlich sein können.

Spiele, die in der Überschrift mit einem (FA) gekennzeichnet sind, bieten sich auch für die Freiarbeit an. Hier war maßgebend, dass es sich um ruhige Spiele handelt, die einzeln oder in der Kleingruppe bearbeitet werden. Ferner enthalten diese Spiele weitgehend eine Selbstkontrolle.

Hinweise zur Herstellung von Arbeitsmaterial findet man in Kapitel IV. Hier werden unterschiedliche Techniken vorgestellt und im Hinblick auf Zeit- und Kostenaufwand, Haltbarkeit und äußerer Form sowie Umweltverträglichkeit verglichen.

I Algebra: Lineare Funktionen und Gleichungen

1 Lineare Funktionen

1.1 Die Steckkarten (FA)

Spieldauer	Einzel/Gruppe	Lautstärke	Lerneffizienz	Beliebtheit
20 - 30 Min	••••	💣	💡💡	☺☺☺

Spielbeschreibung

Jeder Schüler erhält ein Arbeitsblatt mit einem Koordinatensystem (Kopiervorlage auf Seite 8) und einen Satz Steckkarten (Kopiervorlage auf Seite 7). In das Koordinatensystem sind acht verschiedene Geraden eingezeichnet, auf den Steckkarten stehen die dazugehörigen Funktionsgleichungen. Weiterhin befindet sich im Koordinatensystem bei jeder Gerade ein ausgeschnittener Steckschlitz, in das jeweils ein Steckkärtchen eingefügt werden kann (vergleiche hierzu auch den Abschnitt *Material und Vorbereitung*).

Die Schüler erhalten nun die Aufgabe, die Steckkärtchen so in die Schlitze des Koordinatensystems zu stecken, dass bei jeder Gerade das Kärtchen mit der zugehörigen Funktionsgleichung steht. Zur selbständigen Kontrolle können die Schüler das Arbeitsblatt umdrehen; sie erhalten bei richtiger Zuordnung mit Hilfe der Buchstaben auf den Steckkärtchen ein Lösungswort. Gewonnen hat der Schüler, der zuerst das richtige Lösungswort findet.

Lösung

Gerade g_1: $y = 9{,}5$ ergibt den 2. Buchstaben des Lösungswortes: *D*

Gerade g_2: $y = -\frac{1}{6} \cdot x + 6$ ergibt den 5. Buchstaben des Lösungswortes: *R*

Gerade g_3: $y = \frac{1}{12} \cdot x + 7$ ergibt den 3. Buchstaben des Lösungswortes: *A*

Gerade g_4: $y = -x + 4$ ergibt den 8. Buchstaben des Lösungswortes: *S*

Gerade g_5: $y = -\frac{5}{24} \cdot x + \frac{5}{2}$ ergibt den 7. Buchstaben des Lösungswortes: *E*

Gerade g_6: $y = 2 \cdot x + 5$ ergibt den 4. Buchstaben des Lösungswortes: *M*

Gerade g_7: $y = -4 \cdot x - 2$ ergibt den 1. Buchstaben des Lösungswortes: *A*

Gerade g_8: $y = -\frac{1}{5} \cdot x - 5$ ergibt den 6. Buchstaben des Lösungswortes: *I*

Damit erhält man das Lösungswort: *ADAM RIES.*

Material und Vorbereitung

Pro Schüler ein Arbeitsblatt und einen Satz Steckkarten.

Zur Vorbereitung des Spiels muss die Kopie der Seite 7 zunächst entlang der gestrichelten Linie geknickt und dann verleimt werden. Anschließend können die Steckkärtchen – so mit Vorder- und Rückseite – ausgeschnitten werden.

Ähnlich verfährt man auch mit dem Arbeitsblatt auf Seite 8: Wieder wird das Arbeitsblatt entlang der gestrichelten Linie zunächst geknickt und dann verleimt. Anschließend müssen die grau-unterlegten Kästchen so ausgeschnitten werden, dass sich die Steckkärtchen in die entstehenden Schlitze stecken lassen. Schließlich kann das Arbeitsblatt entlang der fetten Linie ausgeschnitten werden.

Steckkärtchen

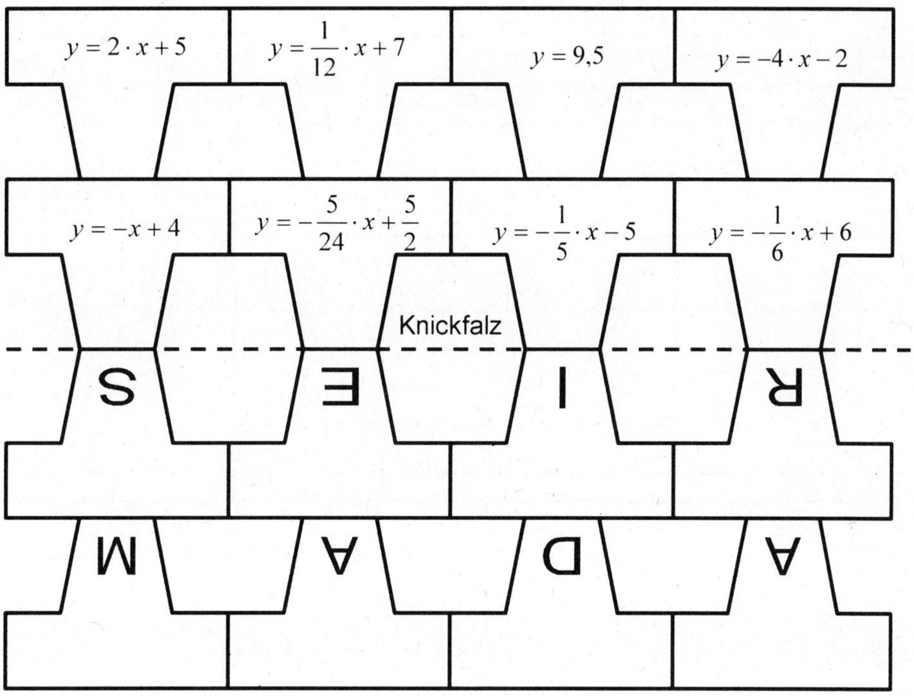

Die Vorderseiten der Steckkärtchen sind hell, die Rückseiten grau unterlegt.

Arbeitsblatt

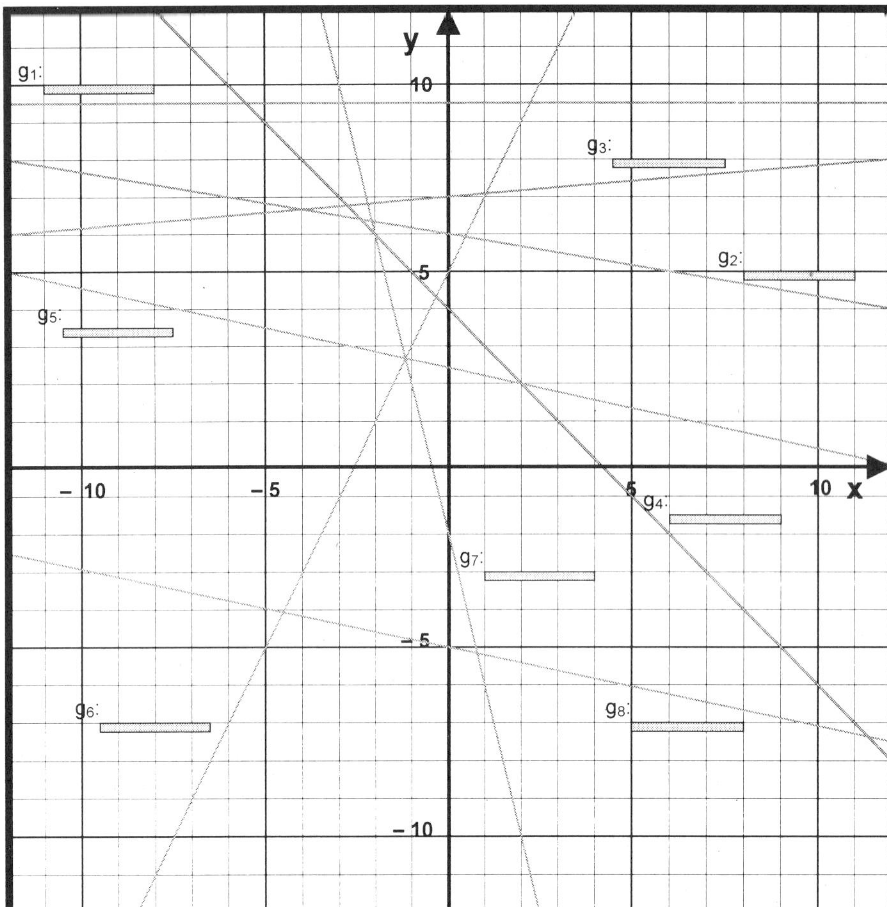

Spielbeschreibung

In das nebenstehende Koordinatensystem sind acht Geraden eingezeichnet. Die zugehörigen Funktionsgleichungen findest du auf den Steckkärtchen.

Wenn du zu jeder Gerade das Steckkärtchen mit der entsprechenden Funktionsgleichung steckst, erhältst du beim Umdrehen des Arbeitsblattes die Buchstaben eines Lösungswortes. Kannst du es bestimmen?

(Kleiner Tipp:
Das Lösungswort ist der Name eines alten deutschen Mathematikers!)

Knickfalz

Lösungswort: ____________

2. Buchstabe:

3. Buchstabe:

5. Buchstabe:

7. Buchstabe:

8. Buchstabe:

1. Buchstabe:

6. Buchstabe:

4. Buchstabe:

1.2 Tic-Tac gewinnt!

Spieldauer	Einzel/Gruppe	Lautstärke	Lerneffizienz	Beliebtheit
20 - 30 Min	2	💣💣	💡💡💡	☺☺☺

Spielbeschreibung

Die Klasse wird in Zweiergruppen aufgeteilt. Jedes Spielerpaar erhält einen Spielplan (Kopiervorlage auf Seite 10 auf DIN A3 vergrößert) und darüber hinaus erhält jeder Spieler einen Satz Spielkarten (Kopiervorlagen auf Seite 11 und Seite 12). Hierbei ist zu beachten, dass die Karten der beiden Spieler gut von einander zu unterscheiden sind (z.B. indem man sie auf unterschiedlich farbiges Papier kopiert). Auf der Vorderseite jeder Karte steht eine lineare Gleichung. Die Rückseite gibt die Schnittpunkte mit den Koordinatenachsen und die Art der Steigung (positiv oder negativ) der entsprechenden linearen Funktion an.

Die Spieler sollen versuchen, wie bei dem bekannten Spiel „Tic-Tac-Toe", drei Felder in einer Reihe mit Karten ihrer Farbe auszulegen.

Mögliche Gewinnstellungen

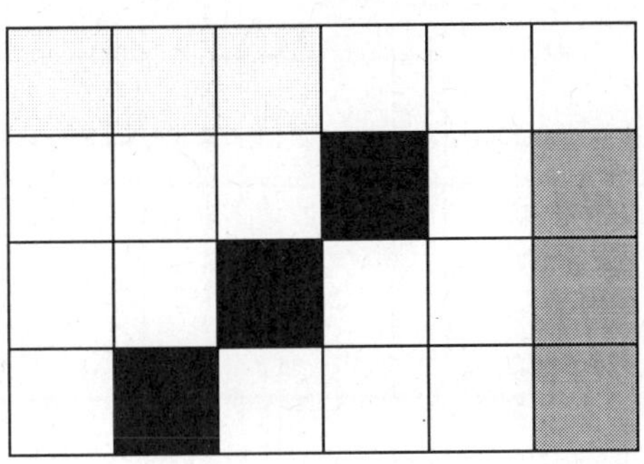

Dabei haben sie jedoch nicht alle Spalten zur Verfügung. Die Eigenschaften der linearen Funktion, die der auf der Vorderseite abgedruckten linearen Gleichung entspricht, bestimmen, in welche Spalten eine Karte gelegt werden darf. Die Rückseiten der Karten dürfen von beiden Spielern nur zur Kontrolle benutzt werden. Legt Spieler 1 eine Karte in eine falsche Spalte, so darf Spieler 2 diese Karte entsprechend der Spaltenbedingungen so umlegen, wie es für ihn günstig ist. Das Spiel wird mit dem Ablegen einer Karte von Spieler 2 fortgesetzt. Zu beachten ist, dass bei manchen Gleichungen zuerst eine Äquivalenzumformung durchgeführt werden muss, um auf die lineare Funktion zu kommen.

Variante

Hierbei dürfen sich die Spieler ihre abzulegende Karte nicht selbst aussuchen. Spieler 2 bestimmt, welche Karte Spieler 1 aus dessen Sammlung ablegen muss. Durch geeignete Kartenauswahl kann er so verhindern, dass Spieler 1 seine Karte in eine bestimmte Spalte legt.

Material

Pro Schüler ein Satz Spielkarten und pro Schülerpaar einen auf DIN A3 vergrößerten Spielplan (damit die Spielkarten auf die Spielfelder passen).

TIC-TAC GEWINNT!

Spielbeschreibung

(auf DIN A3 vergrößern)

Kurzanleitung: Abwechselnd legen die Spieler eine Karte auf ein Feld der Tabelle, mit dem Ziel, drei eigene Karten in eine Reihe zu legen. Um eine Karte auf ein bestimmtes Feld ablegen zu können, muss die aufgedruckte lineare Funktion die jeweilige Spaltenbedingung erfüllen. Legt ein Spieler eine Karte ab und die Spaltenbedingung stimmt nicht mit der linearen Funktion überein, so darf der andere Spieler diese Karte auf ein „erlaubtes" Feld seiner Wahl verlegen. Es dürfen keine zwei gleichen Karten abgelegt werden. Deshalb muss ein Spieler eine Karte aus seinem Stapel für den Rest des Spiels aussortieren, sobald der andere Spieler die entsprechende Karte abgelegt hat. (Alle Zahlenwerte sind auf zwei Dezimalen gerundet.)

Schnitt-punkt mit y-Achse im negativen Teil				
Schnitt-punkt mit x-Achse im positiven Teil				
Schnitt-punkt mit x-Achse im negativen Teil				
negative Steigung				
positive Steigung				
Schnitt-punkt mit y-Achse im positiven Teil				

Tic-Tac gewinnt! - Kartenvorderseite

$3y - x = -12$ Spielesammlung M8-1.1.2	$-2x + 5y = -10$ Spielesammlung M8-1.1.2	$-x + 10y = -1$ Spielesammlung M8-1.1.2	$y = 0{,}3x - 5$ Spielesammlung M8-1.1.2
$y = 4x - 1$ Spielesammlung M8-1.1.2	$y = x - 3$ Spielesammlung M8-1.1.2	$3y - 5x = 3$ Spielesammlung M8-1.1.2	$-2x + 3y = 9$ Spielesammlung M8-1.1.2
$0{,}5y - 0{,}4x = 2$ Spielesammlung M8-1.1.2	$y = 0{,}4x + 0{,}66$ Spielesammlung M8-1.1.2	$y = 0{,}25x + 0{,}3$ Spielesammlung M8-1.1.2	$y = 3x + 3{,}3$ Spielesammlung M8-1.1.2
$y = -2x - 4$ Spielesammlung M8-1.1.2	$y = -5x - 0{,}125$ Spielesammlung M8-1.1.2	$7x + 0{,}2y = -1$ Spielesammlung M8-1.1.2	$y = -4x - 12$ Spielesammlung M8-1.1.2
$x + 4y = -6$ Spielesammlung M8-1.1.2	$3x + 4y = -12$ Spielesammlung M8-1.1.2	$0{,}15x + 0{,}125y = 0{,}5$ Spielesammlung M8-1.1.2	$0{,}5x + 0{,}25y = 1$ Spielesammlung M8-1.1.2
$2x + 3y = 15$ Spielesammlung M8-1.1.2	$y = -7x + 1$ Spielesammlung M8-1.1.2	$y = -1x + 3$ Spielesammlung M8-1.1.2	$y = -11x + 0{,}1$ Spielesammlung M8-1.1.2

Tic-Tac gewinnt! - Kartenrückseite

$y = 0{,}3x - 5$ Schnittpunkt mit x-Achse $S_x(\frac{50}{3}/0)$ Schnittpunkt mit y-Achse $S_y(0/-5)$ Steigung positiv	$-x + 10y = -1$ oder $y = 0{,}1x - 0{,}1$ Schnittpunkt mit x-Achse $S_x(1/0)$ Schnittpunkt mit y-Achse $S_y(0/-0{,}1)$ Steigung positiv	$-2x + 5y = -10$ oder $y = 0{,}4x - 2$ Schnittpunkt mit x-Achse $S_x(5/0)$ Schnittpunkt mit y-Achse $S_y(0/-2)$ Steigung positiv	$3y - x = -12$ oder $y = \frac{1}{3}x - 4$ Schnittpunkt mit x-Achse $S_x(12/0)$ Schnittpunkt mit y-Achse $S_y(0/-4)$ Steigung positiv
$-2x + 3y = 9$ oder $y = \frac{2}{3}x + 3$ Schnittpunkt mit x-Achse $S_x(-4{,}5/0)$ Schnittpunkt mit y-Achse $S_y(0/3)$ Steigung positiv	$3y - 5x = 3$ oder $y = \frac{5}{3}x + 1$ Schnittpunkt mit x-Achse $S_x(-0{,}6/0)$ Schnittpunkt mit y-Achse $S_y(0/1)$ Steigung positiv	$y = x - 3$ Schnittpunkt mit x-Achse $S_x(3/0)$ Schnittpunkt mit y-Achse $S_y(0/-3)$ Steigung positiv	$y = 4x - 1$ Schnittpunkt mit x-Achse $S_x(0{,}25/0)$ Schnittpunkt mit y-Achse $S_y(0/-1)$ Steigung positiv
$y = 3x + 3{,}3$ Schnittpunkt mit x-Achse $S_x(-1{,}1/0)$ Schnittpunkt mit y-Achse $S_y(0/3{,}3)$ Steigung positiv	$y = 0{,}25x + 0{,}3$ Schnittpunkt mit x-Achse $S_x(-1{,}2/0)$ Schnittpunkt mit y-Achse $S_y(0/0{,}3)$ Steigung positiv	$y = 0{,}4x + 0{,}66$ Schnittpunkt mit x-Achse $S_x(-1{,}65/0)$ Schnittpunkt mit y-Achse $S_y(0/0{,}66)$ Steigung positiv	$0{,}5y - 0{,}4x = 2$ oder $y = 0{,}8x + 4$ Schnittpunkt mit x-Achse $S_x(-5/0)$ Schnittpunkt mit y-Achse $S_y(0/4)$ Steigung positiv
$y = -4x - 12$ Schnittpunkt mit x-Achse $S_x(-3/0)$ Schnittpunkt mit y-Achse $S_y(0/-12)$ Steigung negativ	$7x + 0{,}2y = -1$ oder $y = -35x - 5$ Schnittpunkt mit x-Achse $S_x(-\frac{1}{7}/0)$ Schnittpunkt mit y-Achse $S_y(0/-5)$ Steigung negativ	$y = -5x - 0{,}125$ Schnittpunkt mit x-Achse $S_x(-0{,}025/0)$ Schnittpunkt mit y-Achse $S_y(0/-0{,}125)$ Steigung negativ	$y = -2x - 4$ Schnittpunkt mit x-Achse $S_x(-2/0)$ Schnittpunkt mit y-Achse $S_y(0/-4)$ Steigung negativ
$0{,}5x + 0{,}25y = 1$ oder $y = -2x + 4$ Schnittpunkt mit x-Achse $S_x(2/0)$ Schnittpunkt mit y-Achse $S_y(0/4)$ Steigung negativ	$0{,}15x + 0{,}125y = 0{,}5$ oder $y = -1{,}2x + 4$ Schnittpunkt mit x-Achse $S_x(\frac{10}{3}/0)$ Schnittpunkt mit y-Achse $S_y(0/4)$ Steigung negativ	$3x + 4y = -12$ oder $y = -0{,}75x - 3$ Schnittpunkt mit x-Achse $S_x(-4/0)$ Schnittpunkt mit y-Achse $S_y(0/-3)$ Steigung negativ	$x + 4y = -6$ oder $y = -0{,}25x - 1{,}5$ Schnittpunkt mit x-Achse $S_x(-6/0)$ Schnittpunkt mit y-Achse $S_y(0/-1{,}5)$ Steigung negativ
$y = -11x + 0{,}1$ Schnittpunkt mit x-Achse $S_x(\frac{1}{110}/0)$ Schnittpunkt mit y-Achse $S_y(0/0{,}1)$ Steigung negativ	$y = -1x + 3$ Schnittpunkt mit x-Achse $S_x(3/0)$ Schnittpunkt mit y-Achse $S_y(0/3)$ Steigung negativ	$y = -7x + 1$ Schnittpunkt mit x-Achse $S_x(0{,}14/0)$ Schnittpunkt mit y-Achse $S_y(0/1)$ Steigung negativ	$2x + 3y = 15$ oder $y = -\frac{2}{3}x + 5$ Schnittpunkt mit x-Achse $S_x(7{,}5/0)$ Schnittpunkt mit y-Achse $S_y(0/5)$ Steigung negativ

2 *Lineare Gleichungen und Ungleichungen*

2.1 Das Orakel von Delphi

Spieldauer	Einzel/Gruppe	Lautstärke	Lerneffizienz	Beliebtheit
10 - 20 Min	2 - 30	💣💣	💡💡💡	☺☺☺

Spielbeschreibung

Jeder Schüler erhält ein Arbeitsblatt mit der Spielanleitung und den Lösungstabellen (Kopiervorlage auf Seite 15). Ein Spieler (das Orakel) denkt sich eine Regel der Form y = ax + c mit a, c ∈ Q aus. Die übrigen Mitspieler erhalten nun die Aufgabe, diese Regel zu bestimmen. Hierzu dürfen sie dem Orakel reihum Zahlen nennen, auf die das Orakel die Regel anwendet (d.h., die das Orakel in die Gleichung einsetzt) und die Ergebnisse den Mitspielern mitteilt. Jeder Mitspieler schreibt alle Zahlen der fragenden Schüler mit den Antworten des Orakels in eine zweispaltige Liste (Kopiervorlage auf Seite 15) und versucht aus dem Vergleich der Zahlenkombinationen die Regel zu erschließen.

Beispiel:

Das Orakel hat sich die Vorschrift $y = -3x + 2$ überlegt.

Es kommt zu folgendem Spielverlauf:

Frage Schüler 1: „+2" Antwort Orakel: „-4"

Frage Schüler 2: „-2" Antwort Orakel: „+8"

Frage Schüler 3: „0" Antwort Orakel: „+2"

Wenn ein Spieler glaubt, die Regel gefunden zu haben, gibt ihm das Orakel zwei Zahlen zur Bearbeitung. Wenn die Antwort richtig ist, darf er die Regel nennen und wird zum neuen Orakel. Falls nicht, bleibt das alte Orakel bestehen.

Bemerkung

Die Schüler sollen erkennen, wie viele Zahlen mindestens vom Orakel angegeben werden müssen.

Spielvariante

Anstatt die Zuordnungsform y = ax + c mit a, c ∈ Q vorzugeben, kann diese den Spielern auch freigestellt bleiben. Hierbei ist zu beachten, dass ein Mitspieler zwar die richtigen zwei Zahlen dem Orakel mitteilen kann, jedoch eine andere Zuordnungsvorschrift als das Orakel nennt. In diesem Fall ist es an der Klasse, die Äquivalenz der beiden Aussagen zu erkennen.

Beispiel:

Zuordnungsvorschrift des Orakels: $y = \frac{x+3}{2}$

Zuordnungsvorschrift des fragenden Spielers: $y = \frac{1}{2}x + 1{,}5$

Material

Pro Spieler eine zweispaltige Liste für Eingabe- und Ausgabezahlen, eventuell Taschenrechner für das Orakel.

Das Orakel von Delphi

Im antiken Delphi war die Position des Orakels bei den Tempelpriesterinnen und -priestern sehr beliebt. In jeder Vollmondnacht wurde die Position des Hohepriesters, die gleich bedeutend mit der des Orakels war, neu besetzt. In alten Überlieferungen steht geschrieben, dass derjenige das Amt des Orakels übernehmen durfte, der hinter das Geheimnis der magischen Zahlen gekommen war. Die Ablösung des Orakels fand folgendermaßen statt:
Das Orakel empfing von Zeus die göttliche Zuordnungsvorschrift der Form $y = ax + c$ mit $a, c \in \mathbb{Q}$ und antwortete auf die ihm aus der Menge der Anwärter zugerufenen Zahlen, indem es die Regel darauf anwandte. Glaubte ein Anwärter, hinter das Geheimnis gekommen zu sein, so gab ihm das Orakel zwei Zahlen, auf die er nun wiederum die Vorschrift anwenden sollte. Waren die beiden Zahlen dieselben, die auch das Orakel berechnet hatte, so durfte der Anwärter die Zuordnungsvorschrift nennen und selbst auf den Thron des Orakels steigen. War seine Zuordnungsvorschrift jedoch falsch, blieb das alte Orakel bestehen, bis es durch einen schlaueren Mitstreiter abgelöst wurde.

Frage	Orakel	Das Geheimnis des Orakels:

Frage	Orakel	Das Geheimnis des Orakels:

Frage	Orakel	Das Geheimnis des Orakels:

Frage	Orakel	Das Geheimnis des Orakels:

Frage	Orakel	Das Geheimnis des Orakels:

Frage	Orakel	Das Geheimnis des Orakels:

2.2 Die Zauberprüfung

Spieldauer	Einzel/Gruppe	Lautstärke	Lerneffizienz	Beliebtheit
30 - 40 Min	2	💣💣	💡💡	☺☺☺

Spielbeschreibung

Jedes Schülerpaar erhält zwei Arbeitsblätter und einen Satz Kärtchen, bestehend aus Zaubersprüchen und Zielkärtchen (Kopiervorlagen auf Seite 17 – Seite 19).

Es werden die Kärtchen von Kopiervorlage S. 19 ausgeschnitten. Aufgabe der Schüler ist es, die Kärtchen so auf die freien Felder der Arbeitsblätter (Kopiervorlage Seite 17 und Seite 18) zu legen, dass die Anfangsgleichung durch die auf den Zauberspruchkärtchen stehenden Umformungen nach einer Variablen aufgelöst wird. Dabei wird jeweils in die linke Hälfte der Spalte die umgeformte Gleichung eingetragen und das entsprechende Umformungskärtchen auf die rechte Hälfte gelegt.
Die letzte Karte ist eine Zielkarte, auf der die Lösung der Gleichung und ein Tier abgebildet ist. Das Ausgangstier, die Reihenfolge der Kärtchen und das Zieltier stellen die Gesamtlösung einer Aufgabe dar und darf von dem Schülerpaar der Klasse genannt werden, das zuerst die Lösung gefunden hat.

Bemerkung
Im Spiel dürfen **keine** binomischen Formeln angewendet werden, da sonst zwei Kärtchen „Weschi-Waschi" zu viel im Spiel sind und die Tabelle nicht mit der vorgegebenen Zahl an Lösungsschritten ausgefüllt werden kann.

Lösung
Das Pferd wird zur Krake verwandelt.
Mit folgenden Zaubersprüchen: Abrakadabra → Rama-Dama

Der Fisch wird zur Gans.
Mit der Kombination: Wischi-Waschi → Hurzli-Purzli → Meista-Proppa → Toc, Toc, Toc

Das Kamel wird zum Bären.
Mit der Kombination: Wischi-Waschi → Weschi-Waschi → Schwatze-Katze → Simsalabim → Hurz-Purz

Das Känguruh wird zur Kröte.
Wischi-Waschi → Schwatze-Katze → Weschi-Waschi → Ding-Dong → Weschi-Waschi → Quaak-Taak → Tira-Misuu

Material
Pro Paar eine Kopie der Arbeitsblätter Seite 17, 18 und 19
Die Arbeitsblätter Seite 17, 18 und 19 auf transparenter Folie (zum Lösungsvergleich).

Die Zauberprüfung

Der Zauberlehrling soll für die Meisterprüfung vier Tiere verzaubern. Er weiß nur nicht, welches Tier er in welches verzaubern soll. Sein Lehrmeister gab ihm jedoch hierzu eine Liste mit Zaubersprüchen, die er "nur" noch in die richtige Reihenfolge bringen muss. Natürlich verlangt der Lehrmeister auch die Begründung für genau diese Reihenfolge (dazu werden die Äquivalenzumformungen jeweils in die linke Hälfte der Tabelle eingetragen).

<table>
<tr><td colspan="2">
Ausgangstier</td><td colspan="2">
Ausgangstier</td></tr>
<tr><td>$17 - 5x = 28 - 6x$</td><td>1. Zauberspruch</td><td>$9(3 + 2x) = -1$</td><td>1. Zauberspruch</td></tr>
<tr><td></td><td>2. Zauberspruch</td><td></td><td>2. Zauberspruch</td></tr>
<tr><td colspan="2">Darin wird das Pferd verwandelt.</td><td></td><td>3. Zauberspruch</td></tr>
<tr><td colspan="2"></td><td></td><td>4. Zauberspruch</td></tr>
<tr><td colspan="2"></td><td colspan="2">Darin wird der Fisch verwandelt.</td></tr>
</table>

 Ausgangstier	 Ausgangstier
$(x + 3)(x + 7) = x^2 - 19$ 1. Zauberspruch	$(x + 3)^2 = (x - 1)^2$ 1. Zauberspruch
2. Zauberspruch	2. Zauberspruch
3. Zauberspruch	3. Zauberspruch
4. Zauberspruch	4. Zauberspruch
5. Zauberspruch	5. Zauberspruch
Darin wird das Kamel verwandelt.	6. Zauberspruch
	7. Zauberspruch
	Darin wird das Känguruh verwandelt.

Die Zaubersprüche

Abrakadabra | + 6x	Simsalabim | - 21	Hurzli-Purzli | - 27	Toc, Toc, Toc | kürzen
Rama-Dama | - 17	Ding-Dong | + 2x	Hurz-Purz | :10	Quaak-Taak | - 9
Wischi-Waschi | Klammern auflösen	Meista-Proppa | :18	Tira-Misuu | :8	Weschi-Waschi | Gleiches zusammenfassen
Wischi-Waschi | Klammern auflösen	Schwatze-Katze | $-x^2$	Weschi-Waschi | Gleiches zusammenfassen	Weschi-Waschi | Gleiches zusammenfassen
Wischi-Waschi | Klammern auflösen	Schwatze-Katze | $-x^2$	Schwatze-Katze | $-x^2$	

Die Zieltiere

x = 11		x = -1	
x = -4		$x = -\frac{14}{9}$	

2.3 Ungleiches Münzenwerfen

Spieldauer	Einzel/Gruppe	Lautstärke	Lerneffizienz	Beliebtheit
20 - 30 Min	2	💣💣	💡💡💡	☺☺☺

Spielbeschreibung

Die Klasse wird in Zweiergruppen eingeteilt, die jeweils eine Tabelle erhalten. (Kopiervorlage auf Seite 22). Schüler 1 überlegt sich nun einen Term der Form ax + b mit a, b $\in \mathbb{Q}$ und schreibt ihn in die erste Spalte der Tabelle. Ebenso verfährt Spieler 2 mit der dritten Spalte.

Jetzt überlegt sich Spieler 1 eine Zahl, von der er hofft, dass sie in der Lösungsmenge der anschließenden Ungleichung enthalten ist und trägt diese in die Spalte "Vorgabe" ein (im angegebenen Beispiel +8).

Anschließend wirft Spieler 2 eine Münze. "Kopf" entspricht dabei dem " < " - Zeichen, "Zahl" dem " > " - Zeichen. Nun wird gemeinsam die Lösungsmenge der Ungleichung bestimmt. Liegt die "Vorgabe" von Spieler 1 im Bereich der Lösungsmenge, so erhält Spieler 1 einen Punkt, im anderen Fall Spieler 2.

Beispiel:

linker Term	Zeichen	rechter Term	Vorgabe		Gewonnen	
			A	B	A	B
-3x + 5	<	-12 – 44x	+8			X

- linker Term: Spieler 1
- Zeichen: Spieler 2 wirft Münze, "Kopf" entspricht "<"
- rechter Term: Spieler 2
- Vorgabe: Spieler 1

In unserem Beispiel gilt:

$$\mathbb{L} = \{x \,/\, x < -\frac{17}{41}\}$$

Die Vorgabe "+8" ist nicht Teil der Lösungsmenge, somit erhält Spieler 2 einen Punkt.

Das Spiel wird so oft mit vertauschten Rollen wiederholt, bis entweder die Tabelle vollständig ausgefüllt ist, oder ein Spieler 10 Spiele gewonnen hat.

Spielvariante

Um etwas weniger auf den Zufall angewiesen zu sein, kann man die Ergebnisse der Münzwürfe auch als " $\leq$ " bzw. " $\geq$ " interpretieren. Erfüllt nun die Vorgabe die Bedingung " = ", so erhält der Spieler 2 Punkte. Es sollte jedoch vereinbart werden, dass die Vorgabe in einer bestimmte Zeit z.B. 30 Sekunden getätigt werden muss und keine schriftlichen Nebenrechnungen durchgeführt werden dürfen.

Material

Pro Schülerpaar eine Tabelle (Kopiervorlage auf Seite 22) und eine Münze.

UNGLEICHES MÜNZENWERFEN

linker Term	Zeichen	rechter Term	Vorgabe		Gewonnen	
			A	B	A	B
			Endergebnis			

II Algebra: Terme, Bruchterme, Bruchgleichungen

1 Termumformungen

1.1 Das Brot duckt sich! - Spiel

Spieldauer	Einzel/Gruppe	Lautstärke	Lerneffizienz	Beliebtheit
20 - 30 Min	❖	💣💣	💡💡💡	☺☺☺

Spielbeschreibung
Die Klasse wird bankweise in Zweiergruppen eingeteilt. Jede Zweiergruppe erhält acht Karten, auf denen Klammerausdrücke abgebildet sind (Kopiervorlage auf Seite 26). Die Spielkarten werden gemischt und mit der Rückseite nach oben auf dem Tisch verteilt. Nun ziehen die Spieler jeweils zwei mal zwei Karten, so dass jeder Spieler zwei Kartenpaare besitzt, die er offen auf den Tisch legt.
Jedes Kartenpaar entspricht einer bestimmten Punktzahl. Um diese zu ermitteln, müssen die Spieler die Klammerausdrücke jedes ihrer Kartenpaare miteinander multiplizieren und den dadurch entstanden Summenterm auf der Punkteliste (Kopiervorlage auf Seite 25) suchen. Die neben dem Summenterm stehende Punktzahl kann er auf seinem „Konto“ verbuchen, indem er die Zahl auf sein Blatt notiert. Ist kein geeigneter Term zu finden, wurde diese Aufgabe falsch berechnet und der Spieler erhält für dieses Kartenpaar keine Punkte. Da jeder Spieler zwei Kartenpaare pro Spieldurchgang zur Berechnung hat, kann er maximal 9 Punkte erreichen. Gewonnen hat der Spieler, der zuerst 30 Punkte erreicht hat.

Beispiel:

Spieler 1

1. Kartenpaar

$(-x + 5)$	$(-u - i)$

2. Kartenpaar

$(5x + 3z)$	$(-2x + 3y)$

Spieler 2

1. Kartenpaar

$-(z + x)$	$-(3 - 2y)$

2. Kartenpaar

$-(-x - y)$	$(3y - 4z)$

Daraus ergeben sich folgende Rechnungen:

Rechnung von Spieler 1:	Rechnung von Spieler 2:
$(-x+5)\cdot(-u-i) = ix + ux - 5i - 5u$ $(5x+3z)\cdot(-2x+3y) = -10x^2 + 15xy - 6xz + 9yz$ Für diese Ergebnisse erhält Spieler 1 2 + 5 = 7 Punkte	$-(z+x)\cdot-(3-2y) = -2xy - 2yz + 3x + 3z$ $-(-x-y)\cdot(3y-4z) = 3y^2 + 3xy - 4xz - 4yz$ Für diese Ergebnisse erhält Spieler 2 3 + 3 = 6 Punkte

Spielvariante

1. Man kann „Das Brot duckt sich!“ auch mit der ganzen Klasse spielen, indem der Lehrer den Summenterm vorgibt und die Schüler herausfinden müssen, aus welchem Produktterm er entstanden ist.
2. Damit auch Aufgaben auftreten, bei denen die Faktoren gleich sind (z.B. $(3y-4z)\cdot(3y-4z)$), bietet es sich an, mit zwei Kartensätzen je Gruppe zu spielen. In dieser Spielvariante können auch je vier Schüler an einem Spiel teilnehmen.
   Die Summenterme dieser Variante befinden sich ebenfalls auf der Punkteliste.

Material

Jede Kleingruppe benötigt acht „Brote“ = Karten mit Summentermen und eine Punkteliste, außerdem genügend Konzeptpapier für Nebenrechnungen und zur Spieleinführung für den Lehrer eine Punkteliste auf Transparentfolie.

Summenform	Punkte
i^2+u^2+2ui	1
$25x^2+9z^2+30xz$	1
$-10x^2+15xy-6xz+9yz$	5
$-5x^2-3z^2-8xz$	2
$5x^2+5xy+3xz+3yz$	3
$-5x^2-3xz+25x+15z$	1
$4x^2+9y^2-12xy$	1
$4x^2-3xy-10x+15y$	2
$-2x^2+3y^2+xy$	2
$2x^2-3xy+2xz-3yz$	4
x^2+y^2+2xy	1
$x^2 + z^2 +2xz$	1
$-x^2-xy-xz-yz$	2
$-x^2-xy+5x+5y$	2
$x^2+xz-5x-5z$	3
$x^2-10x+25$	1
$9y^2-12yz+8xz-6yz$	2
$9y^2+16z^2-24yz$	3
$6y^2 -4xy+6x-9y$	3
$6y^2-8yz-9y+12z$	3
$4y^2-12y+9$	2
$3y^2+3xy-4xz-4yz$	3
$2y^2+2xy-3x-3y$	4
$-12z^2+15xy-20xz+9yz$	3
$4z^2-3xy+4xz-3yz$	3
-5ix-3iz -5ux-3zu	2
2ix-3iy+ 2ux-3uy	2
-ix-iy-ux-uy	3
ix+ iz +ux+uz	2
ix+ux-5i -5u	2
-3iy+4iz-3uy+4uz	3
-2iy -2uy+3i+3u	3
10xy+6yz-15x-9z	3
-3xy+4xz+15y-20z	2
-2xy-2yz+3x+3z	3
-2xy+3x+10y-15	4

DAS BROT DUCKT SICH! - SPIEL

$(-x+5)$ Spielesammlung M8-2.1.1	$-(z+x)$ Spielesammlung M8-2.1.1
$(-u-i)$ Spielesammlung M8-2.1.1	$-(3-2y)$ Spielesammlung M8-2.1.1
$(5x+3z)$ Spielesammlung M8-2.1.1	$-(-x-y)$ Spielesammlung M8-2.1.1
$(-2x+3y)$ Spielesammlung M8-2.1.1	$(3y-4z)$ Spielesammlung M8-2.1.1

1.2 Das Spinnennetz

Spieldauer	Einzel/Gruppe	Lautstärke	Lerneffizienz	Beliebtheit
10 - 20 Min	❖	💣	💡💡	☺☺

Spielbeschreibung

Die Klasse wird in Kleingruppen aufgeteilt, die jeweils ein Spinnennetz-Spiel (Kopiervorlage Seite 28), bestehend aus 8 Dreieckskärtchen und 8 Trapezkärtchen erhalten; auf den Kärtchen stehen Summenterme und Klammerausdrücke. Aufgabe der Schüler ist es, die Kärtchen so zusammenzulegen, dass der Klammerausdruck auf der einen Karte durch Ausmultiplizieren in den Summenterm der angrenzenden Karte zu überführen ist.

Lösung

Werden die Kärtchen richtig zusammengelegt, ergeben die Buchstaben im Uhrzeigersinn die Zahlen ei-ns, zw-ei, dre-i, fün-f, fü-nf, sie-ben, vi-er, sec-hs, ac-ht , die entgegen dem Uhrzeigersinn angeordnet sind.

Material

Pro Gruppe ein Satz Kärtchen. Die 16 Kärtchen sind entlang den fetten Linien auszuschneiden.

Das Spinnennetz

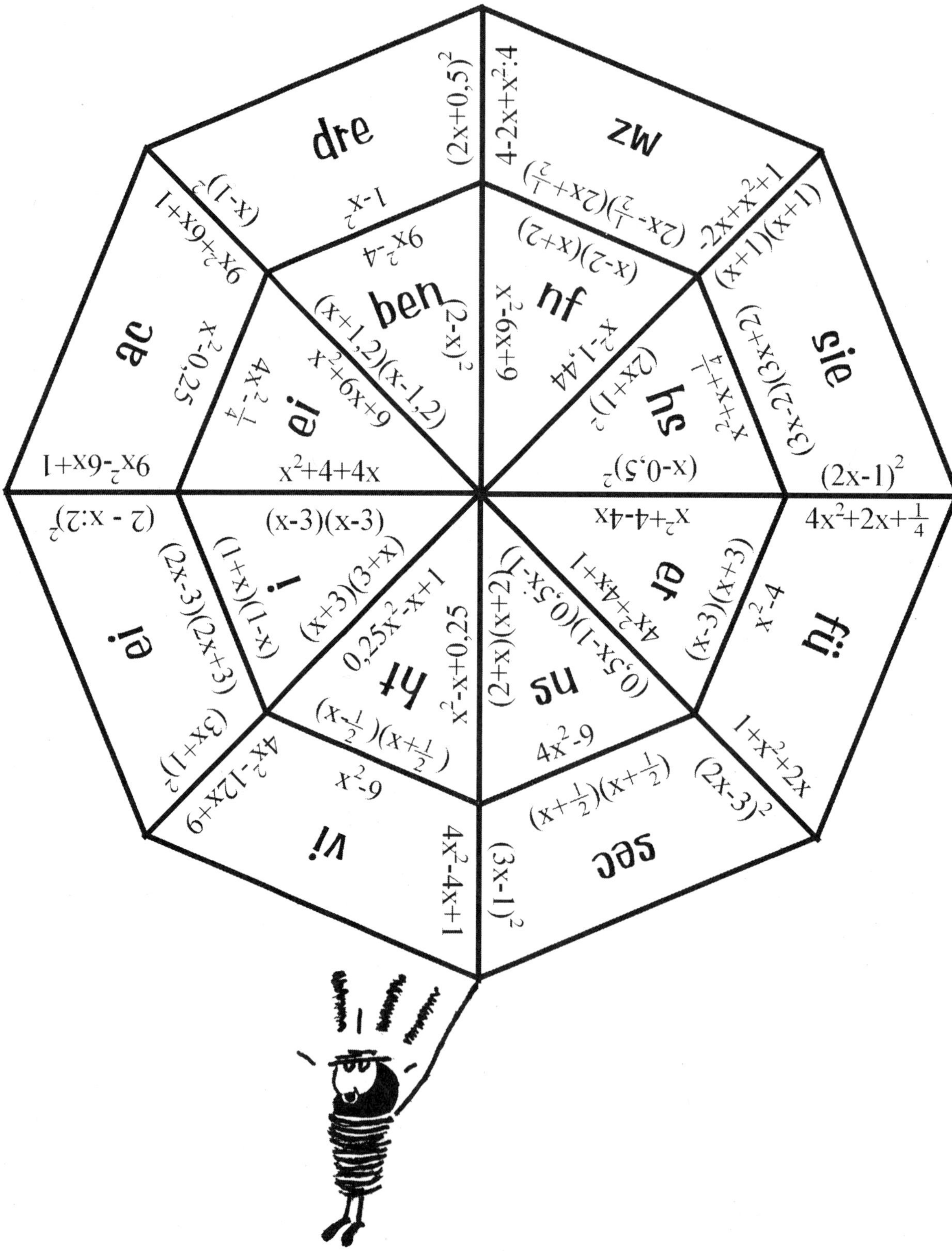

1.3 Bino-Rommee

Spieldauer	Einzel/Gruppe	Lautstärke	Lerneffizienz	Beliebtheit
20 - 30 Min	....	💣💣	💡💡	☺☺

Spielbeschreibung
Die Klasse wird in Kleingruppen zu drei bis fünf Schülern eingeteilt. Jeder Spieler erhält acht Spielkarten (Kopiervorlagen auf den Seiten 32 – 35), auf denen Terme stehen. Die Spieler sollen nun wie im üblichen Rommee-Spiel versuchen, ihre Karten abzulegen. Die restlichen Karten werden verdeckt in die Mitte gelegt.
Der erste Spieler beginnt und zieht von dem verdeckten Stapel eine Karte und versucht, drei Karten zu finden, deren aufgedruckte Terme sich mit Hilfe der ersten oder zweiten binomischen Formel in ein Produkt verwandeln lassen.

<u>Beispiel:</u>

Ursprüngliches Blatt

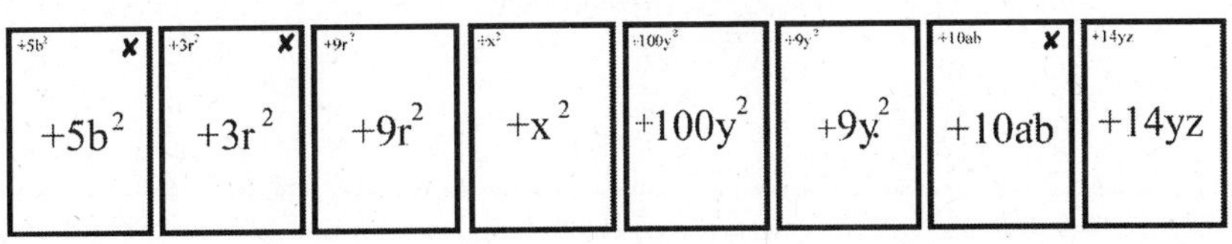

Gezogenen Karte

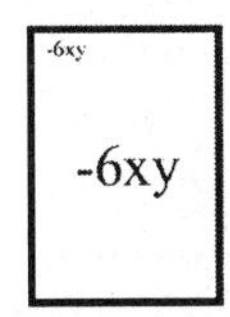

Haben sich drei geeignete Karten gefunden, so werden diese offen abgelegt und der Spieler beendet seinen Spielzug, indem er eine seiner restlichen Karten offen auf den Ablagestapel legt. Sollte der Spieler in diesem Durchgang noch kein geeignetes Trio gefunden haben, so beendet er ebenfalls seinen Spielzug mit dem Ablegen einer für ihn ungeeigneten Karte.

<u>Beispiel:</u>

Abzulegende Karten

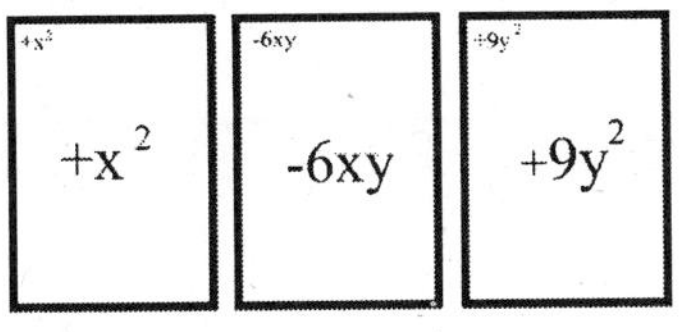

Restkarten

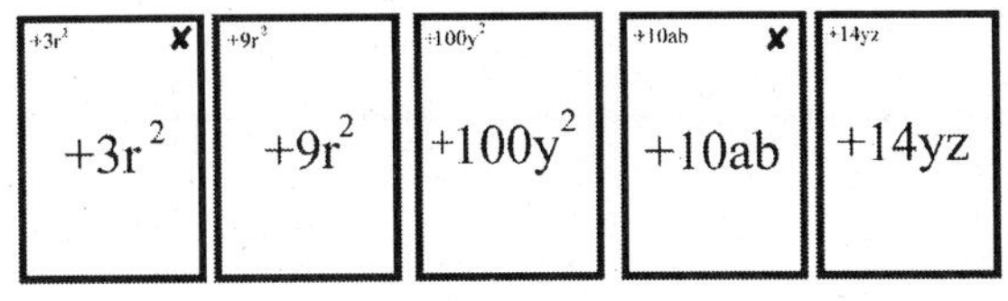

Auf offenen Kartenstapel

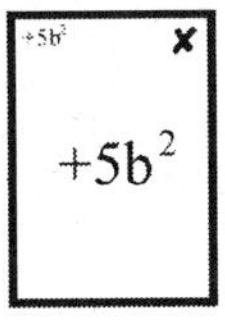

Hat ein Spieler sein erstes Trio abgelegt, kann er nun auch zwei Karten entsprechend der 3. binomischen Formel ablegen oder Karten an schon abgelegte Karten anlegen, so lange sich eine neue binomische Formel bilden lässt.

Beispiel:

Spieler 2 möchte die schon abgelegte 2. binomische Formel durch weitere Karten ergänzen.

Abgelegte Karten Anzulegende Karten

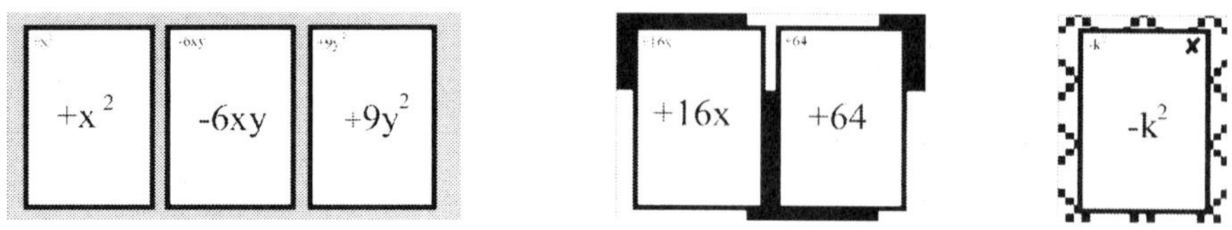

Die bereits abgelegte Karte "$+x^2$" ist nun Teil von drei binomischen Formeln.

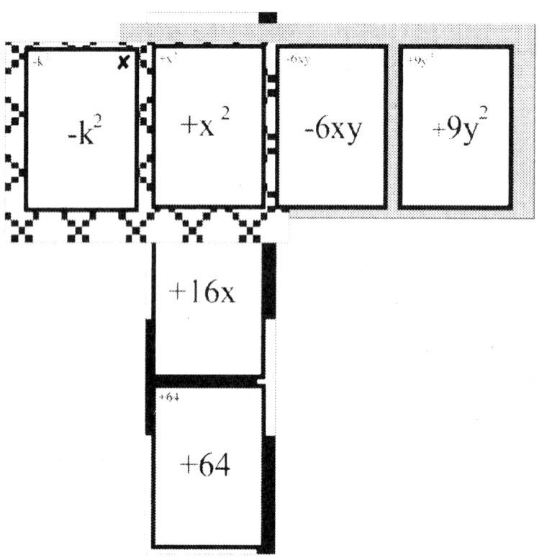

Ist eine abgelegte Spielkarte gleichzeitig Bestandteil mehrerer binomischer Formeln, so kann ein Spieler, der die gleiche Karte auf der Hand hält, diese ablegen, indem er das vorhandene Konstrukt trennt.

Beispiel:

Spieler 3 möchte die Spielsituation aus dem oberen Beispiel mit einer weiteren Karte "$+x^2$" ergänzen. Dadurch wird die vorhandene Konstruktion getrennt und es bildet sich eine weitere eigenständige 2. binomische Formel.

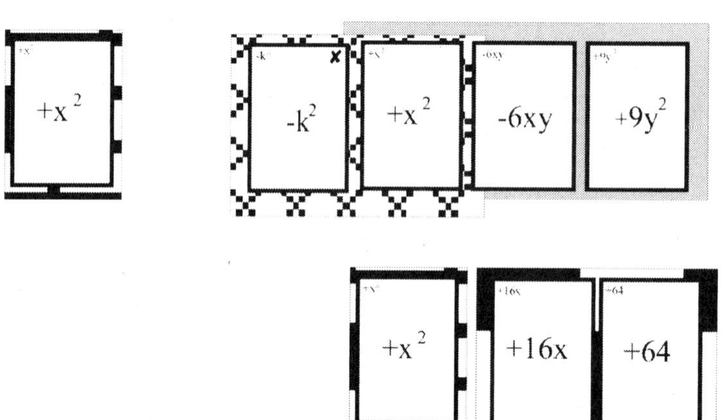

Es wird so lange reihum gespielt, bis ein Spieler alle Karten abgelegt hat.
Sollten alle Karten vom Zugstapel gezogen sein, so werden die Karten des bisher offenen Ablagestapels mit Ausnahme der obersten Karte gemischt und anschließend als neuer Zugstapel hingelegt. Dies wird so lange fortgesetzt, bis ein Spieler alle seine Karten ablegen kann und das Spiel somit gewonnen hat.

Spielvarianten

Um das Spiel zu beschleunigen, können verschiedenen Regeländerungen vorgenommen werden:

- Die Spieler dürfen nicht nur Karten vom verdeckten Zugstapel, sonder alternativ auch die oberste Karte vom Ablagestapel ziehen.
- Anstatt in jeder Spielrunde eine Karte von einem der beiden Stapel zu ziehen, kann man auch einen seiner Mitspieler um eine Karte mit einem bestimmten Term bitten. Dies ist jedoch nur erlaubt, wenn dadurch Karten abgelegt werden können. Wenn der Spieler die entsprechende Karte besitzt, gibt es zwei mögliche Varianten: Die eine ist, dass der fragende Spieler eine Karte, die er selbst nicht benötigt, zurückgibt. Die andere Variante wäre, dass er keine Karte mehr zurückgeben darf, was einer Erhöhung seiner Kartenanzahl und einer Erniedrigung der Kartenzahl seines Mitspielers entspricht.

Die mit ✗ gekennzeichneten Karten können nur nach vorherigem Ausklammern mit Hilfe einer binomischen Formel faktorisiert werden. Diese Karten sollten in einer einfacheren Spielvariante aussortiert werden.

Material

- 56 (in der einfacheren Variante 44) Spielkarten
- Papier für Notizen und Nebenrechnungen

$+x^2$ $+x^2$ Spielesammlung M8-2.1.3	$-6x$ $-6x$ Spielesammlung M8-2.1.3	$+9$ $+9$ Spielesammlung M8-2.1.3	$+4y$ $+4y$ Spielesammlung M8-2.1.3
$+14yz$ $+14yz$ Spielesammlung M8-2.1.3	$+49z^2$ $+49z^2$ Spielesammlung M8-2.1.3	$+x^2$ $+x^2$ Spielesammlung M8-2.1.3	$+16x$ $+16x$ Spielesammlung M8-2.1.3
$+64$ $+64$ Spielesammlung M8-2.1.3	$+m^2$ $+m^2$ Spielesammlung M8-2.1.3	$-20my$ $-20my$ Spielesammlung M8-2.1.3	$+100y^2$ $+100y^2$ Spielesammlung M8-2.1.3
$+2{,}25a^2$ $+2{,}25a^2$ Spielesammlung M8-2.1.3	$-7{,}5ab$ $-7{,}5ab$ Spielesammlung M8-2.1.3	$+6{,}25b^2$ $+6{,}25b^2$ Spielesammlung M8-2.1.3	$+5a^2$ $+5a^2$ Spielesammlung M8-2.1.3

$+10ab$ ✗ $+10ab$ Spielesammlung M8-2.1.3	$+5b^2$ ✗ $+5b^2$ Spielesammlung M8-2.1.3	$+3r^2$ ✗ $+3r^2$ Spielesammlung M8-2.1.3	$-66rs$ ✗ $-66rs$ Spielesammlung M8-2.1.3
$+363s^2$ ✗ $+363s^2$ Spielesammlung M8-2.1.3	$+6a^2$ ✗ $+6a^2$ Spielesammlung M8-2.1.3	$+12ar$ ✗ $+12ar$ Spielesammlung M8-2.1.3	$+6r^2$ ✗ $+6r^2$ Spielesammlung M8-2.1.3
$+18px^2$ ✗ $+18px^2$ Spielesammlung M8-2.1.3	$-8py^2$ ✗ $-8py^2$ Spielesammlung M8-2.1.3	$+0,64h^2$ $+0,64h^2$ Spielesammlung M8-2.1.3	$-1,69i^2$ $-1,69i^2$ Spielesammlung M8-2.1.3
$+200p^2t^2$ ✗ $+200p^2t^2$ Spielesammlung M8-2.1.3	$+200pqt^2$ ✗ $+200pqt^2$ Spielesammlung M8-2.1.3	$+50q^2t^2$ ✗ $+50q^2t^2$ Spielesammlung M8-2.1.3	$+e^2$ $+e^2$ Spielesammlung M8-2.1.3

$+18e$ $+18e$ Spielesammlung M8-2.1.3	$+81$ $+81$ Spielesammlung M8-2.1.3	$+49$ $+49$ Spielesammlung M8-2.1.3	$+42$ $+42$ Spielesammlung M8-2.1.3
$+9$ $+9$ Spielesammlung M8-2.1.3	$+x^2$ $+x^2$ Spielesammlung M8-2.1.3	$-6xy$ $-6xy$ Spielesammlung M8-2.1.3	$+9y^2$ $+9y^2$ Spielesammlung M8-2.1.3
$+4a^2$ $+4a^2$ Spielesammlung M8-2.1.3	$-9y^2$ $-9y^2$ Spielesammlung M8-2.1.3	$+r^2$ $+r^2$ Spielesammlung M8-2.1.3	$-x^2$ $-x^2$ Spielesammlung M8-2.1.3
$-18x^2$ ✘ $-18x^2$ Spielesammlung M8-2.1.3	$+30x$ ✘ $+30x$ Spielesammlung M8-2.1.3	-50 ✘ -50 Spielesammlung M8-2.1.3	$-k^2$ ✘ $-k^2$ Spielesammlung M8-2.1.3

$-16k$ ✗ $-16k$ Spielesammlung M8-2.1.3	-64 ✗ -64 Spielesammlung M8-2.1.3	$+81$ $+81$ Spielesammlung M8-2.1.3	$-54r$ $-54r$ Spielesammlung M8-2.1.3
$+9r^2$ $+9r^2$ Spielesammlung M8-2.1.3	$+9x^2$ $+9x^2$ Spielesammlung M8-2.1.3	$+3xy$ $+3xy$ Spielesammlung M8-2.1.3	$+0{,}25y^2$ $+0{,}25y^2$ Spielesammlung M8-2.1.3
Spielesammlung M8-2.1.3	Spielesammlung M8-2.1.3	Spielesammlung M8-2.1.3	Spielesammlung M8-2.1.3
Spielesammlung M8-2.1.3	Spielesammlung M8-2.1.3	Spielesammlung M8-2.1.3	Spielesammlung M8-2.1.3

1.4 Das Schildkrötenpuzzle (FA)

Spieldauer	Einzel/Gruppe	Lautstärke	Lerneffizienz	Beliebtheit
20 - 30 Min	2	💣	💡💡	☺☺☺

Spielbeschreibung

Die Klasse wird in Zweiergruppen aufgeteilt, die jeweils einen Satz Schildkrötenkarten (Kopiervorlage auf Seite 37 und Seite 38) erhalten. Entlang der Kartenseiten stehen Terme. Aufgabe der Schüler ist es, je zwei Karten so aneinander zu legen, dass die aneinander grenzenden Terme äquivalent sind. So ergibt sich ein aus 9 Karten bestehendes Quadrat. Die drei überschüssigen Karten mit den Buchstaben „E“, „V“ und „A“ finden keine entsprechenden Anlegemöglichkeiten und sollen verhindern, dass die Schüler durch bloßes Ausprobieren die richtige Lösung finden.

Ob die Karten richtig angeordnet sind, erkennt man an den entstehenden Figuren. Hier müssen Vorder- und Hinterteil aller Figuren übereinstimmen.

Beispiel:

Spielvariante

Nachdem die Schüler ihre Schildrötenaufgabe gelöst haben, stellen sie ein eigenes Puzzle mit neuen Schildkrötenaufgaben her. Dies kann dadurch geschehen, dass man bei dem vorgegebenen Schildkrötenmotiv bleibt, die Aufgaben vor dem Kopieren jedoch mit weißem Klebeband oder Haftnotizen überklebt und anschließend die eigenen Aufgaben einfügt.

Lösung

Das Puzzle ist gelöst, wenn alle Schildkröten richtig zusammengesetzt, also keine unterschiedlich Vorder- und Hinterteile aneinander gelegt sind. Die Buchstaben haben in diesem Zusammenhang keine Funktion, sondern helfen lediglich dabei, die drei überzähligen Karten „E“, „V“ und „A“ auszusortieren.

Material

Pro Schülerpaar einen Satz Karten.

Lösung:

R	H	Ü
O	W	X
i	U	L

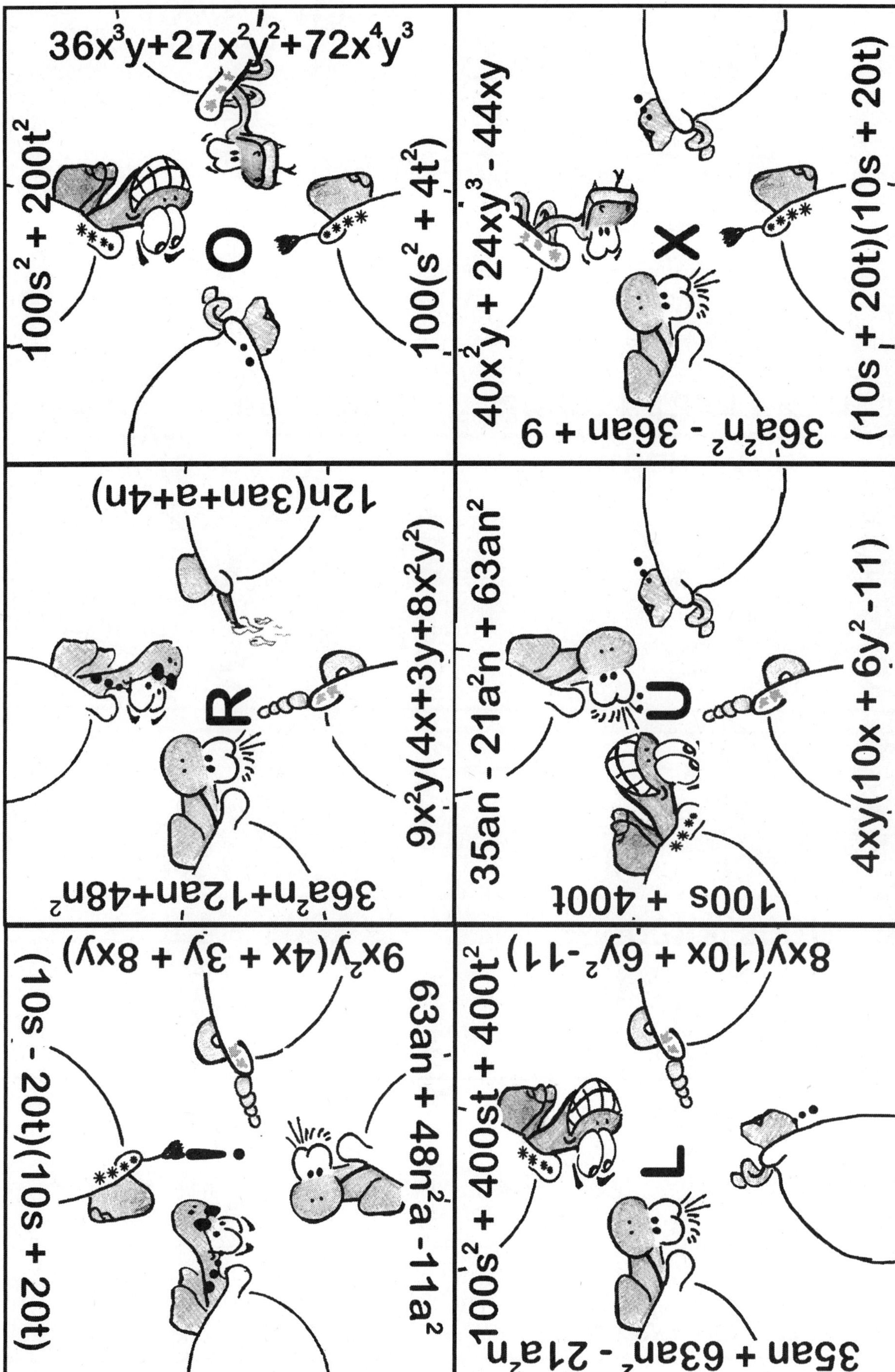
$36x^3y+27x^2y^2+72x^4y^3$
$100s^2 + 200t^2$
O
$100(s^2 + 4t^2)$
$40x^2y + 24xy^3 - 44xy$
X
$(10s + 20t)(10s + 20t)$
$36a^2n^2 - 36an + 9$
$12n(3an+a+4n)$
R
$9x^2y(4x+3y+8x^2y^2)$
$36a^2n+12an+48n^2$
$35an - 21a^2n + 63an^2$
U
$4xy(10x + 6y^2 -11)$
$100s + 400t$
$9x^2y(4x + 3y + 8xy)$
$(10s - 20t)(10s + 20t)$
!
$63an + 48n^2a - 11a^2$
$8xy(10x + 6y^2 - 11)$
$100s^2 + 400st + 400t^2$
L
$35an + 63an^2 - 21a^2n$

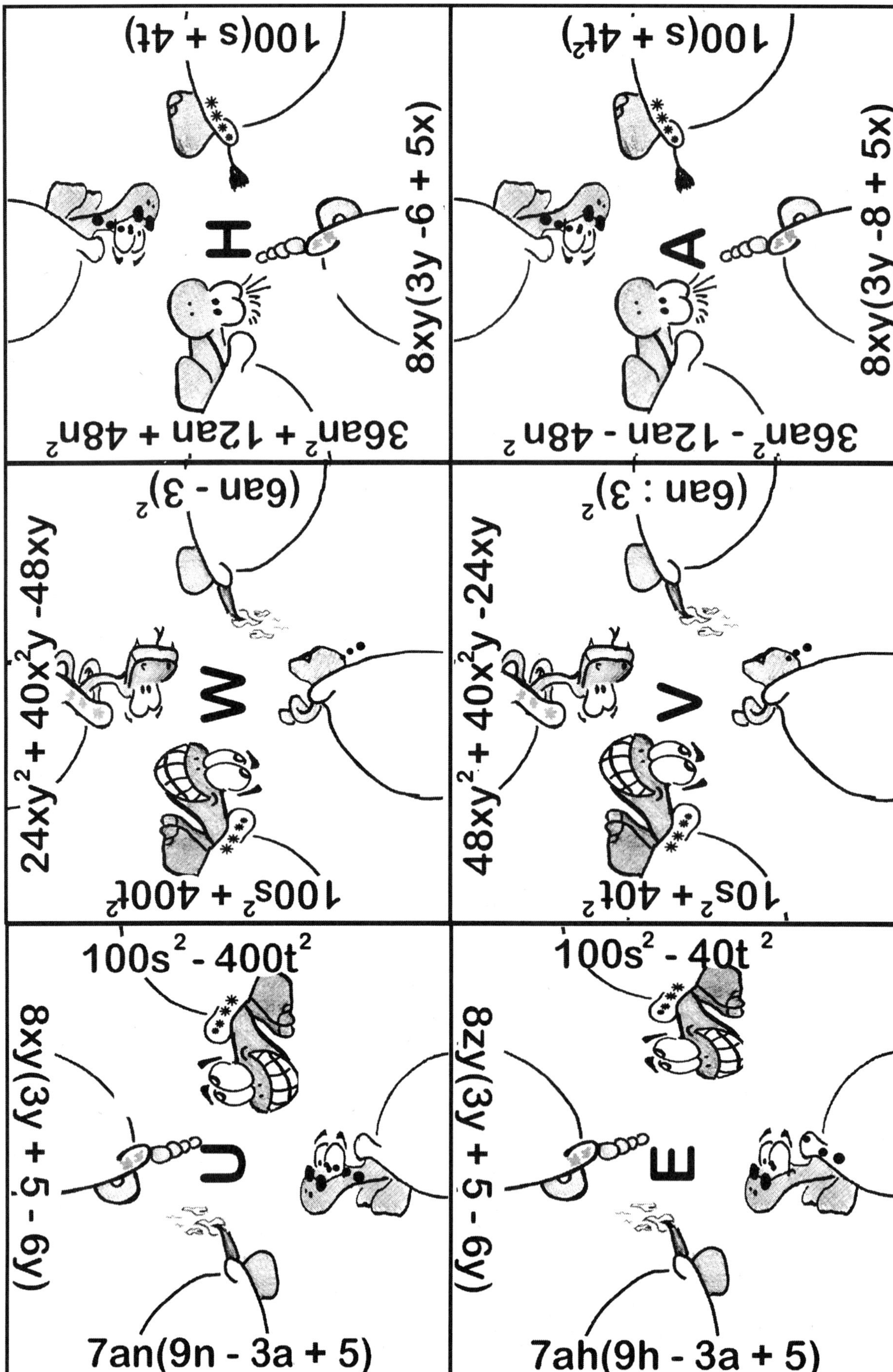
$100(s + 4t)$
$8xy(3y - 6 + 5x)$
$36an^2 + 12an + 48n^2$
H
$100(s + 4t^2)$
$8xy(3y - 8 + 5x)$
$36an^2 - 12an - 48n^2$
A
$(6an - 3)^2$
$24xy^2 + 40x^2y - 48xy$
$100s^2 + 400t^2$
W
$(6an : 3)^2$
$48xy^2 + 40x^2y - 24xy$
$10s^2 + 40t^2$
V
$100s^2 - 400t^2$
$8xy(3y + 5 - 6y)$
$7an(9n - 3a + 5)$
U
$100s^2 - 40t^2$
$8zy(3y + 5 - 6y)$
$7ah(9h - 3a + 5)$
E

2 Bruchterme und Bruchgleichungen

2.1 Die Tortenschlacht

Spieldauer	Einzel/Gruppe	Lautstärke	Lerneffizienz	Beliebtheit
20 - 30 Min	....	💣	💡💡	☺☺☺

Spielbeschreibung

Jeder Schüler erhält einen Tortenschlachtplan und ein Trefferprotokoll (Kopiervorlagen auf Seite 40 und Seite 41). Auf dem Tortenschlachtplan sind Torten mit Zahlen und Köpfe abgebildet, denen Bruchterme zugeordnet sind. Die Schüler sollen nun herausfinden, welche Torte welchen Kopf trifft. Ein Kopf wird dann von einer Torte getroffen, wenn die Zahl, die in der Torte steht, nicht Teil der Definitionsmenge des entsprechenden Bruchterms ist. Wurde eine entsprechende Kombination gefunden, wird das entsprechende Feld im Trefferprotokoll mit einem Häkchen markiert. Dabei ist zu beachten, dass sowohl ein Opfer von mehreren Torten getroffen werden kann, als auch eine Torte mehrere Opfer treffen kann. Das Spiel ist beendet, wenn keine neuen Trefferkombinationen mehr gefunden werden.

Spielvariante

Die Schüler erstellen paarweise ein eigenes Tortenschlacht-Szenario und geben es einem andern Schülerpaar zur Bearbeitung. Dazu empfiehlt es sich, die Bruchterme und Zahlen vor dem kopieren z.B. mit selbstklebenden Haftnotizen abzudecken.

Material

Pro Schüler ein Tortenschlachtplan und ein Trefferprotokoll.

DIE TORTENSCHLACHT

	-6	-4	-3	-2	-1	0	+1	+3	+4	+6	- Treffertabelle -
$\frac{14}{x^2-9}$											$\mathbb{D} = \mathbb{Q} \setminus \{ \quad \}$
$\frac{17x+12}{3x+6}$											
$\frac{1}{x^2+2x+1}$											
$\frac{x}{5x+10}$											
$\frac{x^2+1}{16-8x+x^2}$											
$\frac{1}{3x-12}$											
$\frac{1}{x(x+1)}$											
$\frac{1-x}{x^3-x^2}$											
$\frac{x}{450-75x}$											
$\frac{1}{(x+4)(x-4)}$											

DIE TORTENSCHLACHT

	-6	-4	-3	-2	-1	0	+1	+3	+4	+6	- Treffertabelle -
$\frac{14}{x^2-9}$											$\mathbb{D} = \mathbb{Q} \setminus \{ \quad \}$
$\frac{17x+12}{3x+6}$											
$\frac{1}{x^2+2x+1}$											
$\frac{x}{5x+10}$											
$\frac{x^2+1}{16-8x+x^2}$											
$\frac{1}{3x-12}$											
$\frac{1}{x(x+1)}$											
$\frac{1-x}{x^3-x^2}$											
$\frac{x}{450-75x}$											
$\frac{1}{(x+4)(x-4)}$											

DIE TORTENSCHLACHT

2.2 Kunstdiebstahl in Manhattan

Spieldauer	Einzel/Gruppe	Lautstärke	Lerneffizienz	Beliebtheit
30 - 40 Min	❖	💣💣	💡💡	☺☺

Spielbeschreibung

Die Klasse wird in Kleingruppen zu je drei bis vier Schülern eingeteilt. Jede Gruppe erhält einen Spielplan mit einem fiktiven Straßengrundriss (Kopiervorlage auf Seite 44), einen Satz Befragungskarten mit Aufgaben zu Bruchtermen (Kopiervorlagen auf den Seiten 45 bis 47), einen Würfel und für jeden Mitspieler eine Spielfigur.

Zu Beginn des Spieles werden die Spielfiguren auf die Startfelder in der Mitte des Spielplans (Museum) gesetzt, wobei die Form des Startfeldes auch gleichzeitig das Zielfeld (Unterschlupf) in einem Eck des Spielfeldes angibt. Es gilt nun, möglichst schnell mit seiner Spielfigur von dem eigenen Startfeld auf das Zielfeld zu gelangen. Dabei spielen die Schüler die Rollen von Kunsträubern, von denen jeder auf eigene Faust vom Tatort flieht.

Um aus dem Museum herauszukommen, müssen die Schüler eine erste Hürde überwinden. Jeder Spieler zieht eine Befragungskarte. Ist seine Antwort richtig, bestimmt er mit einem Würfel die Anzahl der Felder, die er mit seiner Spielfigur ziehen darf. Andernfalls muss er in der nächsten Spielrunde erneut eine Karte ziehen.

Die mit  gekennzeichneten Felder stellen Straßensperren dar. Zieht ein Spieler über ein solches Feld oder bleibt er darauf stehen, muss er eine Karte ziehen und die Frage innerhalb eines dem Leistungsstand der Schüler angemessenen Zeitraums (z.B. 1 Minute) richtig beantworten; gelingt ihm das nicht, muss er auf seinem ursprünglichen Feld stehen bleiben und der nächste Spieler ist an der Reihe.

Kommt ein Spieler auf ein Feld, das von der Spielfigur eines andern Schülers besetzt ist, kann er die gegnerische Figur hinauswerfen, indem sie erneut auf das Startfeld im Museum gesetzt wird. Dieser kann sich aber durch die richtige Beantwortung einer Frage auf einer Karte vor dem Rauswurf schützen. In diesem Fall dürfen ausnahmsweise zwei Spielfiguren auf einem Feld stehen.

Zur Erschwerung kann jeder Mitspieler vier zusätzliche Kontrollen mit der gleichen Funktion wie Straßensperren einrichten, indem er das entsprechende Feld mit einem Farbstift markiert.

Gewonnen hat der Mitspieler, der zuerst sein Versteck erreicht.

Spielvariante

Wenn man das Spielfeld auf eine Folie kopiert, lässt sich das Spiel auch mit der ganzen Klasse spielen. In diesem Fall spielen Gruppen gegeneinander. Eine Aufgabe gilt bei dieser Version als gelöst, wenn die Hälfte der Gruppe sie richtig berechnet hat.

Material und Vorbereitung

Je Kleingruppe ein Spielfeld, ein Satz Befragungskarten, ein Würfel und pro Mitspieler eine Spielfigur und einen Kartenhalter.

Um die Lösung der Aufgabe nicht vorzeitig einzusehen, stecken die Spieler ihre Befragungskarten in den Kartenhalter. Dabei wird die Vorlage entlang der durchgezogenen Linie ausgeschnitten und an den gestrichelten Linien gefaltet. Abschließend werden die Laschen 1 und 2 an die Lasche 3 geklebt.

Bauanleitung und Einsatz des Kartenhalter

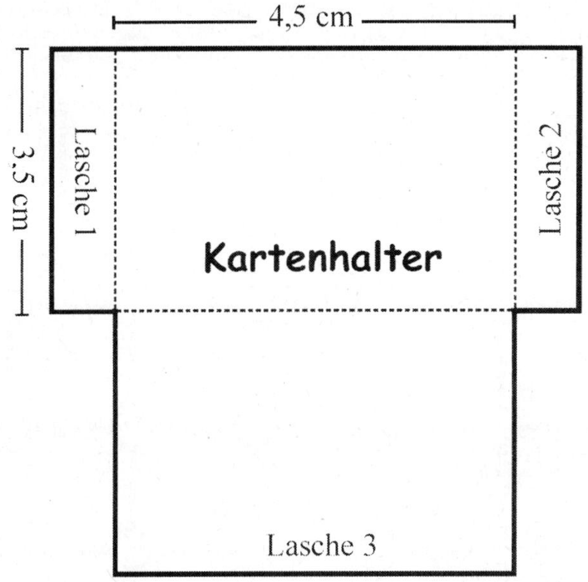

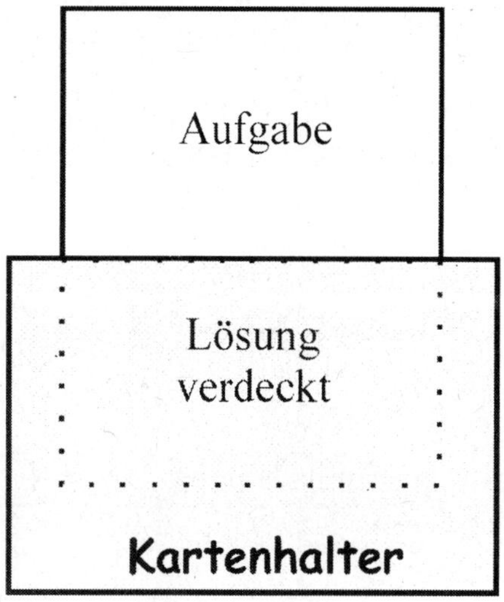

Kunstdiebstahl in Manhattan

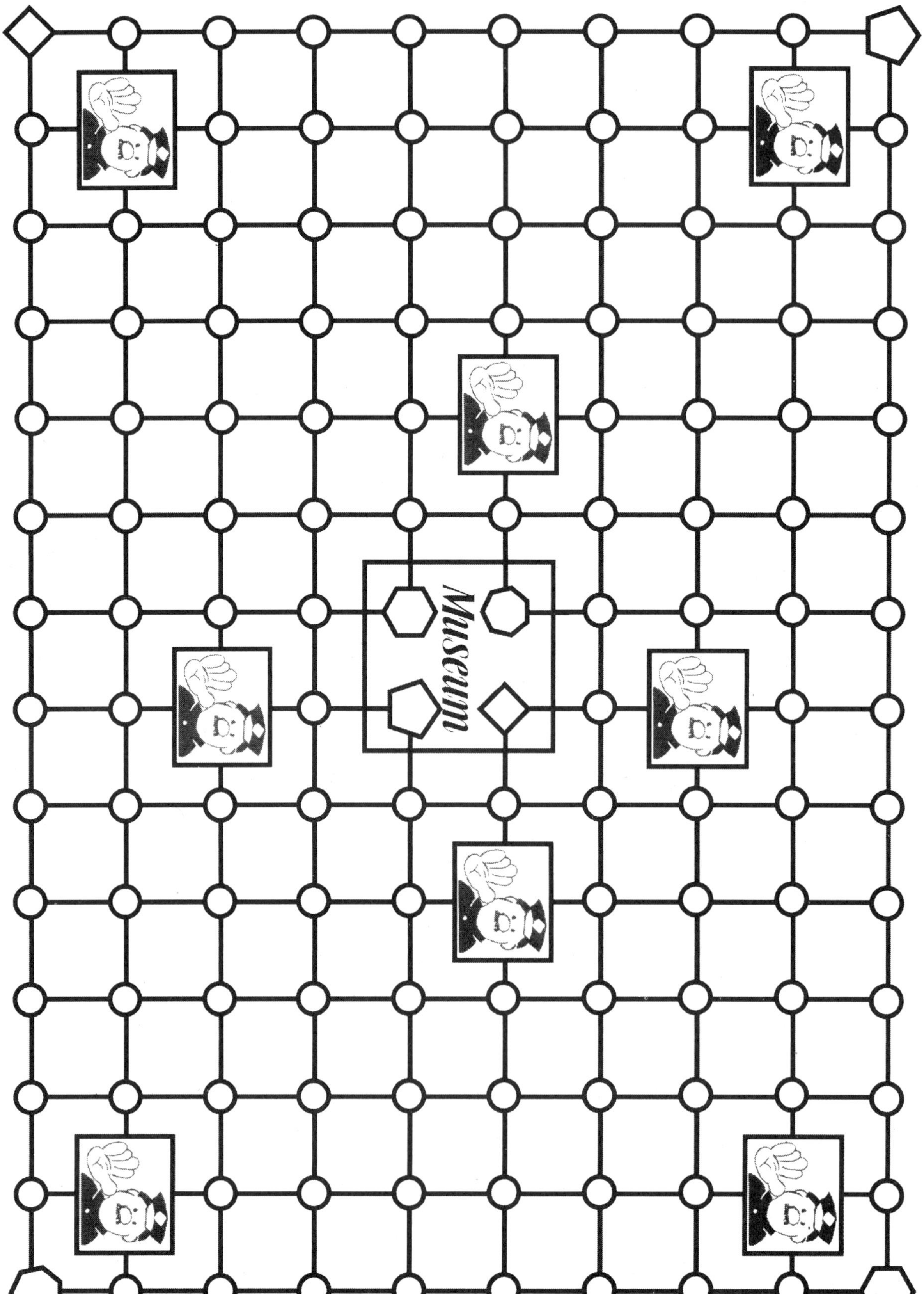

Bringe den Bruchterm durch Erweitern auf den angegebenen Nenner

$$\frac{a}{b} \mapsto (a^2 b)$$

Lösung:

$$\frac{a^3}{a^2 b}$$

Spielesammlung M8-2.2.2

Bringe den Bruchterm durch Erweitern auf den angegebenen Nenner

$$\frac{x}{2y} \mapsto (4xy)$$

Lösung:

$$\frac{2x^2}{4xy}$$

Spielesammlung M8-2.2.2

Bringe den Bruchterm durch Erweitern auf den angegebenen Nenner

$$\frac{3a}{7b} \mapsto (84a^2 b^2)$$

Lösung:

$$\frac{36a^3 b}{84a^2 b^2}$$

Spielesammlung M8-2.2.2

Bringe den Bruchterm durch Erweitern auf den angegebenen Nenner

$$\frac{5x}{6y} \mapsto (60x^2 y)$$

Lösung:

$$\frac{50x^3}{60x^2 y}$$

Spielesammlung M8-2.2.2

Bringe den Bruchterm durch Erweitern auf den angegebenen Nenner

$$\frac{3a^2 b}{14ab^2} \mapsto (84a^2 b^2)$$

Lösung:

$$\frac{18a^3 b}{84a^2 b^2}$$

Spielesammlung M8-2.2.2

Bringe den Bruchterm durch Erweitern auf den angegebenen Nenner

$$\frac{5x + 7y}{2a + 3b} \mapsto (6a + 9b)$$

Lösung:

$$\frac{15x + 21y}{6a + 9b}$$

Spielesammlung M8-2.2.2

Bringe den Bruchterm durch Erweitern auf den angegebenen Nenner

$$\frac{x - 4y}{3x + y} \mapsto (12x + 4y)$$

Lösung:

$$\frac{4x - 16y}{12x + 4y}$$

Spielesammlung M8-2.2.2

Bringe den Bruchterm durch Erweitern auf den angegebenen Nenner

$$\frac{8xy}{5x} \mapsto (10xy + 15xz)$$

Lösung:

$$\frac{8xy \cdot (2y + 3z)}{10xy + 15xz}$$

Spielesammlung M8-2.2.2

Bringe den Bruchterm durch Erweitern auf den angegebenen Nenner

$$\frac{3a - 2b}{4x + 2y} \mapsto (8cx + 4cy)$$

Lösung:

$$\frac{6ac - 4bc}{8cx + 4cy}$$

Spielesammlung M8-2.2.2

Bringe den Bruchterm durch Erweitern auf den angegebenen Nenner

$$\frac{a + 3b}{a} \mapsto (a^2 b)$$

Lösung:

$$\frac{a^2 b + 3ab^2}{a^2 b}$$

Spielesammlung M8-2.2.2

Bringe den Bruchterm durch Erweitern auf den angegebenen Nenner

$$\frac{5x + 3y}{3x - 2y} \mapsto (9x^2 - 4y^2$$

Lösung:

$$\frac{(5x + 3y) \cdot (3x + 2y)}{9x^2 - 4y^2}$$

Spielesammlung M8-2.2.2

Bringe den Bruchterm durch Erweitern auf den angegebenen Nenner

$$\frac{3b}{2} \mapsto (8a^4 b + 2)$$

Lösung:

$$\frac{12a^4 b^2 + 3b}{8a^4 b + 2}$$

Spielesammlung M8-2.2.2

Kürze so weit wie möglich. Nenne die einschränkenden Bedingungen.

$$\frac{6a + 6b}{6}$$

Lösung:

$a + b$

Keine einschr. Bedingungen

Spielesammlung M8-2.2.2

Kürze so weit wie möglich. Nenne die einschränkenden Bedingungen.

$$\frac{20a - 12b + 8c}{4u}$$

Lösung:

$$\frac{5a - 3b + 2c}{u}$$

Mit $u \neq 0$

Spielesammlung M8-2.2.2

Kürze so weit wie möglich. Nenne die einschränkenden Bedingungen.

$$\frac{ax + bx}{2x}$$

Lösung:

$$\frac{a + b}{2}$$

Mit $x \neq 0$

Spielesammlung M8-2.2.2

Kürze so weit wie möglich. Nenne die einschränkenden Bedingungen.

$$\frac{abc + acd + bcd}{5c}$$

Lösung:

$$\frac{ab + ad + bd}{5}$$

Mit $c \neq 0$

Spielesammlung M8-2.2.2

Kürze so weit wie möglich. Nenne die einschränkenden Bedingungen.

$\frac{b-2}{2-b}$

Lösung:

$\frac{-1\cdot(2-b)}{2-b}=-1$

Mit $b \neq 2$

Spielesammlung M8-2.2.2

Kürze so weit wie möglich. Nenne die einschränkenden Bedingungen.

$\frac{(3a+n)\cdot(b-c)}{(c-b)}$

Lösung:

$\frac{-1\cdot(3a+n)\cdot(c-b)}{(c-b)}$

$=-1\cdot(3a+n)$

Mit $c-b \neq 0$

Spielesammlung M8-2.2.2

Kürze so weit wie möglich. Nenne die einschränkenden Bedingungen.

$\frac{-c-2a}{(5x-b)\cdot(2a+c)}$

Lösung:

$\frac{-1\cdot(2a+c)}{(5x-b)\cdot(2a+c)}$

$=\frac{-1}{(5x-b)}$

Mit $5x-b \neq 0$ und $2a+c \neq 0$

Spielesammlung M8-2.2.2

Kürze so weit wie möglich. Nenne die einschränkenden Bedingungen.

$\frac{3}{3-b}$

Lösung:

kein Kürzen möglich

$(b \neq 3)$

Spielesammlung M8-2.2.2

Kürze so weit wie möglich. Nenne die einschränkenden Bedingungen.

$\frac{12x}{16x+20}$

Lösung:

$\frac{3x}{4x+5}$

Mit $x \neq \frac{-5}{4}$

Spielesammlung M8-2.2.2

Kürze so weit wie möglich. Nenne die einschränkenden Bedingungen.

$\frac{a^2-ab}{a^2}$

Lösung:

$\frac{a-b}{a}$

Mit $a \neq 0$

Spielesammlung M8-2.2.2

Kürze so weit wie möglich. Nenne die einschränkenden Bedingungen.

$\frac{15x-25y}{5x-9y}$

Lösung:

kein Kürzen möglich

$(x \neq \frac{9}{5}y)$

Spielesammlung M8-2.2.2

Kürze so weit wie möglich. Nenne die einschränkenden Bedingungen.

$\frac{2a^3+a^2}{3a^3-4a^4}$

Lösung:

$\frac{2a+1}{3a-4a^2}$

Mit $a \neq 0$ und $a \neq \frac{3}{4}$

Spielesammlung M8-2.2.2

Kürze so weit wie möglich. Nenne die einschränkenden Bedingungen.

$\frac{12a-4ab}{(3-b)\cdot a}$

Lösung:

$\frac{4a\cdot(3-b)}{(3-b)\cdot a}=4$

Mit $a \neq 0$ und $b \neq 3$

Spielesammlung M8-2.2.2

Kürze so weit wie möglich. Nenne die einschränkenden Bedingungen.

$\frac{5-2x}{5+2x}$

Lösung:

kein Kürzen möglich

$(x \neq -\frac{5}{2})$

Spielesammlung M8-2.2.2

Kürze so weit wie möglich. Nenne die einschränkenden Bedingungen.

$\frac{15x-25y}{5x-10y}$

Lösung:

$\frac{3x-5y}{x-2y}$

mit $x-2y \neq 0$

Spielesammlung M8-2.2.2

Kürze so weit wie möglich. Nenne die einschränkenden Bedingungen.

$\frac{2a^3+a^3}{3a^3-4a^4}$

Lösung:

$\frac{3}{3-4a}$

Mit $a \neq 0$ und $a \neq \frac{3}{4}$

Spielesammlung M8-2.2.2

Kürze so weit wie möglich. Nenne die einschränkenden Bedingungen.

$\frac{3\cdot(2x-3)-6x}{2x-3}$

Lösung:

$\frac{-9}{2x-3}$

Mit $x \neq \frac{3}{2}$

Spielesammlung M8-2.2.2

Kürze so weit wie möglich. Nenne die einschränkenden Bedingungen.

$\frac{x\cdot(x+1)}{x+1}$

Lösung:

x

Mit $x \neq -1$

Spielesammlung M8-2.2.2

Kürze so weit wie möglich. Nenne die einschränkenden Bedingungen.

$\frac{3\cdot anna}{2\cdot mama}$

Lösung:

$\frac{3n^2}{2m^2}$

Mit $a \neq 0$ und $m \neq 0$

Spielesammlung M8-2.2.2

Kürze so weit wie möglich. Nenne die einschränkenden Bedingungen.

$\frac{pappa}{opapa}$

Lösung:

$\frac{p}{o}$

Mit $a \neq 0$; $o \neq 0$ und $p \neq 0$

Spielesammlung M8-2.2.2

Fasse zusammen, kürze und gib die einschränkenden Bedingungen an.

$$\frac{6}{a}+\frac{a}{12}$$

Lösung:

$$\frac{6\cdot 12+a^2}{12a}=\frac{72+a^2}{12a}$$

Mit $a \neq 0$

Spielesammlung M8-2.2.2

Fasse zusammen, kürze und gib die einschränkenden Bedingungen an.

$$\frac{ax+y}{a+n}+\frac{nx-y}{n+a}$$

Lösung:

$$\frac{ax+nx}{a+n}=x$$

Mit $a \neq -n$

Spielesammlung M8-2.2.2

Fasse zusammen, kürze und gib die einschränkenden Bedingungen an.

$$\frac{3m}{5a}+\frac{7m}{10a^2}$$

Lösung:

$$\frac{6am+7m}{10a^2}=\frac{m\cdot(6a+7)}{10a^2}$$

Mit $a \neq 0$

Spielesammlung M8-2.2.2

Fasse zusammen, kürze und gib die einschränkenden Bedingungen an.

$$\frac{1}{a}+\frac{1}{b}+\frac{1}{c}$$

Lösung:

$$\frac{bc+ac+ab}{abc}$$

Mit $a, b, c \neq 0$

Spielesammlung M8-2.2.2

Fasse zusammen, kürze und gib die einschränkenden Bedingungen-

gen an.

$$\frac{oma}{eva}-\frac{opa}{ave}$$

Lösung:

$$\frac{om-op}{ev}$$

Mit $a, e, v \neq 0$

Spielesammlung M8-2.2.2

Fasse zusammen, kürze und gib die einschränkenden Bedingungen an.

$$\frac{ax+y}{a+n}-\frac{nx-y}{-a-n}$$

Lösung:

$$\frac{ax+nx}{a+n}=x$$

Mit $a \neq -n$

Spielesammlung M8-2.2.2

Fasse zusammen, kürze und gib die einschränkenden Bedingungen an.

$$\frac{3m}{5a}+\frac{7m}{10ab^2}$$

Lösung:

$$\frac{6mb^2+7m}{10ab^2}$$

$$=\frac{m\cdot(6b^2+7)}{10ab^2}$$

Mit $a, b \neq 0$

Spielesammlung M8-2.2.2

Fasse zusammen, kürze und gib die einschränkenden Bedingungen an.

$$\frac{1}{a}+\frac{a}{b}+\frac{b}{1}$$

Lösung:

$$\frac{b+a^2+ab^2}{ab}$$

Mit $a, b \neq 0$

Spielesammlung M8-2.2.2

Fasse zusammen, kürze und gib die einschränkenden Bedingungen an.

$$\frac{x}{2y}+\frac{5x}{13y}$$

Lösung:

$$\frac{23x}{26y}$$

Mit $y \neq 0$

Spielesammlung M8-2.2.2

Fasse zusammen, kürze und gib die einschränkenden Bedingungen an.

$$\frac{3x}{a}-\frac{a}{3x}$$

Lösung:

$$\frac{9x^2-a^2}{3ax}$$

Mit $a, x \neq 0$

Spielesammlung M8-2.2.2

Fasse zusammen, kürze und gib die einschränkenden Bedingungen an.

$$\frac{x+3}{x+1}+\frac{7}{x^2+2x+1}$$

Lösung:

$$\frac{(x+3)\cdot(x+1)+7}{(x+1)^2}$$

$$=\frac{x^2+4x+10}{(x+1)^2}$$

Spielesammlung M8-2.2.2

Fasse zusammen, kürze und gib die einschränkenden Bedingungen an.

$$\frac{1}{3a}+\frac{2}{4b}+\frac{3}{2ab}$$

Lösung:

$$\frac{2b+3a+9}{6ab}$$

Mit $a, b \neq 0$

Spielesammlung M8-2.2.2

Fasse zusammen, kürze und gib die einschränkenden Bedingungen an.

$$\frac{\frac{1}{y}+2}{y}$$

Lösung:

$$\frac{1+2y}{y}$$

Mit $y \neq 0$

Spielesammlung M8-2.2.2

Fasse zusammen, kürze und gib die einschränkenden Bedingungen an.

$$\frac{a}{a-n}+\frac{1}{a+n}$$

Lösung:

$$\frac{a\cdot(a+n)+(a-n)}{(a-n)\cdot(a+n)}$$

$$=\frac{a^2+a+an+n}{a^2-n^2}$$

Mit $a \neq -n$ und $a \neq n$

Spielesammlung M8-2.2.2

Fasse zusammen, kürze und gib die einschränkenden Bedingungen an.

$$\frac{3a}{5a}+\frac{7m}{10b}$$

Lösung:

$$\frac{6b+7m}{10b}$$

Mit $a, b \neq 0$

Spielesammlung M8-2.2.2

Fasse zusammen, kürze und gib die einschränkenden Bedingungen an.

$$\frac{1}{a}+\frac{a}{b}-\frac{b}{a}$$

Lösung:

$$\frac{b+a^2-b^2}{ab}$$

Mit $a, b \neq 0$

Spielesammlung M8-2.2.2

2.3 Graf Antons Vermächtnis

Spieldauer	Einzel/Gruppe	Lautstärke	Lerneffizienz	Beliebtheit
40- 60 Min	❖	💣💣	💡💡💡	☺☺☺

Spielbeschreibung

Die Klasse wird in Kleingruppen eingeteilt. Jede Gruppe erhält ein Spielbrett mit dem Grundriss eines Hauses (Kopiervorlage auf Seite 49), ein Testament mit der Spielanleitung (Kopiervorlage auf Seite 50) und einen Satz Hinweiskarten (Kopiervorlagen auf den Seiten 51 bis 54). Weiterhin wird ein Würfel und pro Mitspieler eine Spielfigur benötigt.

Zur Vorbereitung des Spiels werden die Hinweiskarten gemischt und gleichmäßig auf vier Stapel in den vier Räumen des Hauses verdeckt verteilt. Weiterhin werden die Spielfiguren der einzelnen Spieler in die Eingangshalle des Hauses gestellt.

Der erste Spieler bestimmt mit dem Würfel die Anzahl der Felder, die er mit seiner Figur vor bzw. zur Seite rücken darf. Anschließend ist reihum der nächste Spieler am Zug.

Betritt ein Spieler mit seiner Figur einen Raum, so darf er die darin befindliche oberste Karte des Hinweisstapel ziehen. Enthält die Karte den Zusatz „Freundschaft", so muss er sie für alle Mitspieler sichtbar auf den Tisch legen. Andernfalls kann er sie verdeckt einsehen. Stehen zwei Spielfiguren auf dem gleichen Feld, zeigen sich die entsprechenden Spieler jeweils eine Hinweiskarte. (Im Wiederholungsfall dürfen natürlich nicht die gleichen Karten gezeigt werden.) Beim Zusammentreffen in einem Raum gilt diese Regel nicht.

In dieser Weise wird das Spiel so lange fortgesetzt, bis ein Spieler die richtige Formel bestimmen kann. Er schreibt sie auf einen Zettel und lässt sie durch den Lehrer kontrollieren. Ist die Vermutung des Schülers richtig, hat er gewonnen. Im anderen Fall muss er mit seiner Spielfigur noch einmal mindestens alle vier Räume besuchen, bevor er einen neuen Tipp abgeben darf.

Spielvorbereitung

Je nach Kombination der Hinweiskarten entstehen unterschiedliche Bruchterme. Vor jeder Spielrunde ist daher zu überprüfen, dass nur die für den Lösungsbruchterm geeigneten Karten im Spiel sind.

A Lösungsbruchterm $\frac{15(x+1)(x-1)}{32(x+2)(x+2)}$: Hinweiskärtchen Nr. 1 bis Nr. 31

B Lösungsbruchterm $\frac{3(2x+1)(2x+1)}{4(2x-1)(2x-1)}$: Hinweiskärtchen Nr. 32 bis Nr. 50

Material

Pro Kleingruppe ein Spielplan, eine Spielanleitung, ein Satz Hinweiskärtchen, ein Würfel und pro Mitspieler eine Spielfigur.

Graf Antons Vermächtnis

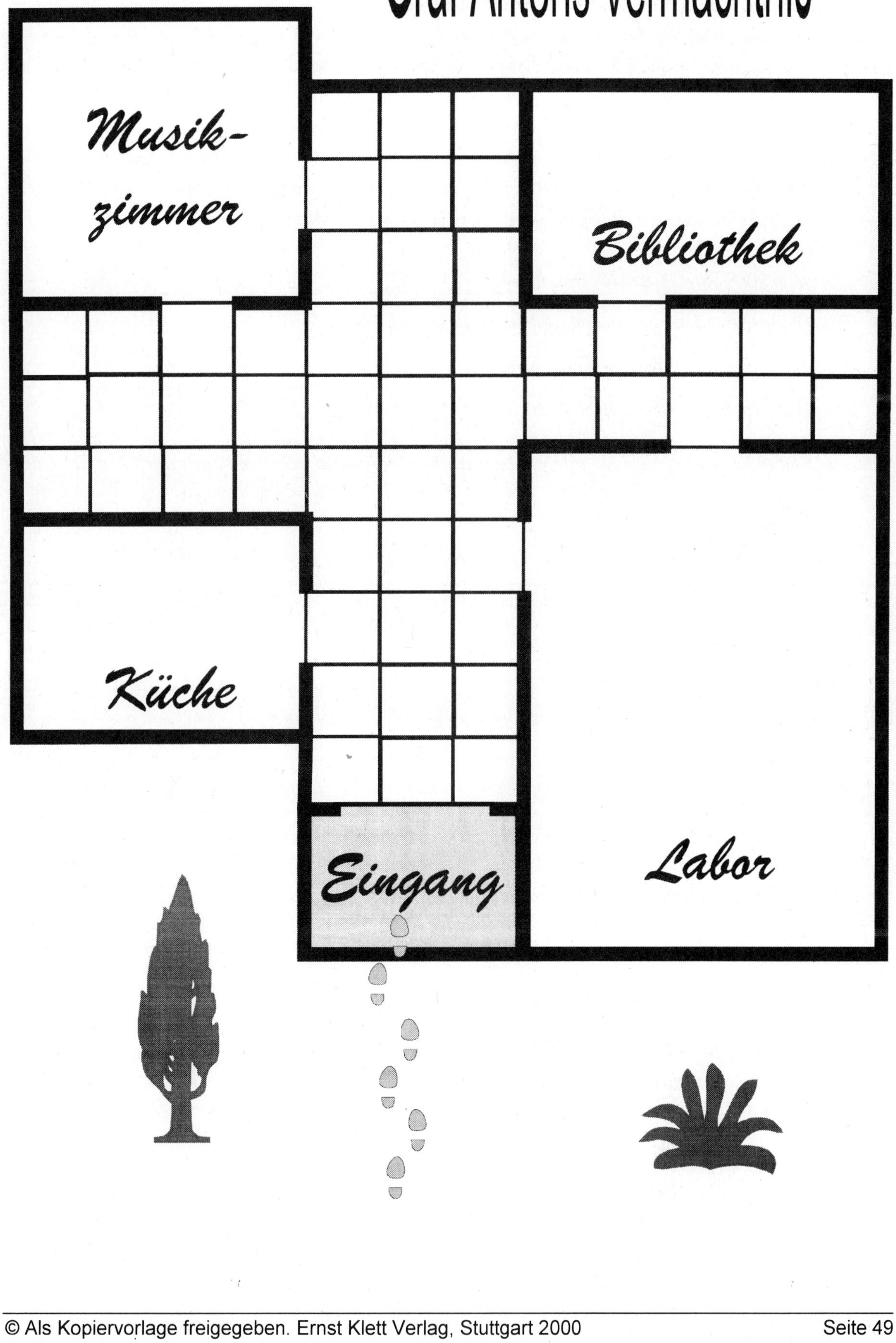

Mein Vermächtnis

Da nun unweigerlich mein Ende gekommen ist, ist es an der Zeit, mein Erbe unter euch, meinen Kindern, zu verteilen. Wie ihr wisst, habe ich mein gesamtes Leben mit der Suche nach der Weltformel verbracht. Was ihr jedoch nicht wisst ist, dass ich sie auch gefunden habe. Aus Sorge, sie könnte in die falschen Hände geraten, habe ich jedoch niemandem davon erzählt. Ich möchte, dass derjenige meiner Nachfahren, der sich am würdigsten erweist, die Formel erhält und sie verschlossen hält, bis die Menschheit bereit ist, damit umzugehen. Da ich mir zu meinen Lebzeiten nicht sicher war, wer der Vernünftigste und Schlauste unter euch ist, habe ich die Formel in ein Rätsel gepackt. Eure Aufgabe ist es, mit Hilfe von Informationskärtchen, die in meinem Haus verteilt sind, die Weltformel zu bestimmen. Hierzu folgende Hinweise:

A. Die gesuchte Formel ist ein Bruchterm.

B. Dieser Bruchterm ist vollständig faktorisiert und gekürzt.

C. Weiterhin treten nur ganze Zahlen auf.

D. In dem Bruchterm treten zwei binomische Formeln auf.

Um nun hinter das Geheimnis der Weltformel zu kommen, muss jeder von euch nach den folgenden Regeln vorgehen:

1. *Du darfst dich mit deiner Spielfigur im Haus nur auf den Steinplatten bewegen.*
2. *Mit dem Würfel bestimmst du in jeder Runde die Anzahl der Steinplatten, die du mit deiner Spielfigur passieren darfst; dabei ist es verboten, diagonal über die Ecken der Platten zu gehen.*
3. *Gelangt deine Spielfigur in einen der vier Räume, darfst du die oberste Hinweiskarte ziehen. Auf ihr findest du eine Information zur gesuchten Weltformel.*
4. *Wenn du aus einem Raum einen Hinweis erhalten hast, so musst du für die nächste Hinweiskarte in einen anderen Raum gehen.*
5. *Ziehst du eine Hinweiskarte mit dem Zusatz „Freundschaft“, musst du die Karte offen auf den Tisch legen und darfst keine neue nehmen.*
6. *Sollten sich auf einer Steinplatte zwei Spielfiguren treffen, zeigen sich die zugehörigen Spieler jeweils eine Hinweiskarte. (Im Wiederholungsfall dürfen natürlich nicht die gleichen Karten gezeigt werden.)*
7. *Sobald du genügend Hinweiskarten gesammelt hast, um die Weltformel zu bestimmen, gehst du mit deiner Spielfigur in die Eingangshalle zurück. Anschließend gibst du deinen Tipp eurem Lehrer, der ihn kontrolliert. Stimmt die Formel, hast du gewonnen, andernfalls musst du mit deiner Spielfigur noch einmal mindestens alle vier Räume besuchen, bevor du erneut einen Tipp abgeben darfst.*

Viel Erfolg bei der Suche

Euer Anton

01

Im Zähler lässt sich 15 ausklammern.

Spielesammlung M8-2.2.3

02

FREUNDSCHAFTSKARTE

Der Zähler hat die Struktur $a\cdot(x+b)(x-b)$

Spielesammlung M8-2.2.3

03

FREUNDSCHAFTSKARTE

Der Nenner hat die Struktur $c\cdot(x+d)(x+d)$

Spielesammlung M8-2.2.3

04

Der Zähler ist durch 3 teilbar.

Spielesammlung M8-2.2.3

05

Der Zähler ist durch 5 teilbar.

Spielesammlung M8-2.2.3

06

Der Zähler ist durch 15 teilbar.

Spielesammlung M8-2.2.3

07

Der Nenner ist durch 2 teilbar.

Spielesammlung M8-2.2.3

08

Der Nenner kann mehrfach durch 2 geteilt werden.

Spielesammlung M8-2.2.3

09

Der Faktor im Nenner vor der binomischen Formel ist 2^5

Spielesammlung M8-2.2.3

10

Ein Klammerausdruck im Zähler lautet $(x+1)$

Spielesammlung M8-2.2.3

11

Ein Klammerausdruck im Zähler lautet $(x-1)$

Spielesammlung M8-2.2.3

12

Ein Klammerausdruck im Nenner lautet $(x+2)$

Spielesammlung M8-2.2.3

13

Der Faktor vor den Klammerausdrücken im Zähler ist ≤ 15.

Spielesammlung M8-2.2.3

14

Der Faktor vor dem Klammerausdruck im Zähler ist ein Vielfaches von 5.

Spielesammlung M8-2.2.3

15

Die Quersumme des Faktors vor dem Klammerausdruck im Zähler ist 6.

Spielesammlung M8-2.2.3

16

Die Summe der Faktoren vor den Klammerausdrücken in Zähler und Nenner ist 47.

Spielesammlung M8-2.2.3

17

FREUNDSCHAFTSKARTE

Der Nenner lautet ausmultipliziert $32x^2+128x+128$

Spielesammlung M8-2.2.3

18

FREUNDSCHAFTSKARTE

Der Zähler lautet ausmultipliziert $15x^2-15$

Spielesammlung M8-2.2.3

19

Der ausgeklammerte Faktor im Zähler ist nicht durch 2 teilbar.

Spielesammlung M8-2.2.3

20

Der ausgeklammerte Faktor im Nenner ist nur durch Potenzen von 2 teilbar.

Spielesammlung M8-2.2.3

21

Der ausgeklammerte Faktor im Nenner ist kleiner als 40.

Spielesammlung M8-2.2.3

22

Der ausgeklammerte Faktor im Zähler lässt sich in zwei Primfaktoren zerlegen.

Spielesammlung M8-2.2.3

23

Der ausgeklammerte Faktor im Nenner lässt sich in fünf Primfaktoren zerlegen.

Spielesammlung M8-2.2.3

24

Multipliziert man die beiden Klammern der binomischen Formel im Nenner aus, so erhält man "4x" als gemischtes Glied.

Spielesammlung M8-2.2.3

25

Multipliziert man im Zähler nur die Klammern der binomischen Formel aus, so erhält man x^2-1.

Spielesammlung M8-2.2.3

26

Der Faktor vor dem Klammerausdruck im Nenner ist um 2 größer als das Doppelte des Faktors im Zähler.

Spielesammlung M8-2.2.3

27

Im Nenner lässt sich die Erste binomische Formel anwenden.

Spielesammlung M8-2.2.3

28

Stünde im Nenner nicht $(x+2)^2$ sondern $(2x+2)^2$, so könnte man in dem Bruchterm einen Klammerausdruck kürzen.

Spielesammlung M8-2.2.3

29

Der Nenner ist nicht durch 7 teilbar.

Spielesammlung M8-2.2.3

30

Der Nenner ist nicht durch 11 teilbar.

Spielesammlung M8-2.2.3

31

Der Bruchterm ist für $x = -2$ nicht definiert.

Spielesammlung M8-2.2.3

32

Im Zähler lässt sich die erste binomische Formel anwenden.

Spielesammlung M8-2.2.3

33

Im Nenner lässt sich die zweite binomische Formel anwenden.

Spielesammlung M8-2.2.3

34

Der Zähler hat die Struktur $a(bx+c)(bx+c)$.

Spielesammlung M8-2.2.3

35

Der Nenner hat die Struktur $d(bx-c)(bx-c)$.

Spielesammlung M8-2.2.3

36

FREUNDSCHAFTSKARTE

Die Klammerausdrücke in Zähler und Nenner unterscheiden sich nur in den Rechenzeichen.

Spielesammlung M8-2.2.3

37

FREUNDSCHAFTSKARTE

Der ausgeklammerte Faktor im Nenner ist die Kleinste nicht Primzahl größer 2.

Spielesammlung M8-2.2.3

38

Die Quersumme des ausgeklammerten Faktors im Zähler ist durch 3 teilbar.

Spielesammlung M8-2.2.3

39

Bei der Primfaktorzerlegung der ausgeklammerten Faktoren tritt in Zähler und Nenner nur eine Primzahl auf.

Spielesammlung M8-2.2.3

40

Bei der Primfaktorzerlegung des ausgeklammerten Faktors im Zähler tritt nur ein Primfaktor auf.

Spielesammlung M8-2.2.3

41

Multipliziert man die beiden Klammern der binomischen Formel im Zähler aus, so erhält man "4x" als gemischtes Glied.

Spielesammlung M8-2.2.3

42

Würde man im Zähler für die Variable "0" einsetzen, so erhielte man als Ergebnis "3".

Spielesammlung M8-2.2.3

43

Würde man im Nenner für die Variable "0" einsetzen, so erhielte man als Ergebnis "4".

Spielesammlung M8-2.2.3

44

Die Klammerausdrücke im Zähler könnte man auch schreiben als $(x+1+x)(x+1+x)$.

Spielesammlung M8-2.2.3

45

Die Klammerausdrücke im Nenner könnte man auch schreiben als $(x-1+x)(x-1+x)$.

Spielesammlung M8-2.2.3

46

In diesem Bruchterm darf man die auftretenden "2x" in Zähler und Nenner nicht gegeneinander kürzen.

Spielesammlung M8-2.2.3

47

FREUNDSCHAFTSKARTE

Der ausgeklammerte Faktor im Zähler ist um 1 kleiner als der ausgeklammerte Faktor im Nenner.

Spielesammlung M8-2.2.3

48

Man darf für die Variable $\frac{1}{2}$ nicht einsetzen.

Spielesammlung M8-2.2.3

49

Der Bruchterm ist für $x=\frac{1}{2}$ nicht definiert.

Spielesammlung M8-2.2.3

50

Der ausgeklammerte Faktor im Zähler ist 3.

Spielesammlung M8-2.2.3

51

FREUNDSCHAFTSKARTE

Eine Klammerausdruck im Zähler lautet (2x+1).

Spielesammlung M8-2.2.3

52

Im Bruchterm kommt vier mal die Zahl „1“ vor.

Spielesammlung M8-2.2.3

53

Ein Klammerausdruck im Nenner lautet (2x-1).

Spielesammlung M8-2.2.3

54

Im Nenner kommen nur die Ziffern 1, 2 und 4 vor.

Spielesammlung M8-2.2.3

55

Spielesammlung M8-2.2.3

56

Spielesammlung M8-2.2.3

57

Spielesammlung M8-2.2.3

58

Spielesammlung M8-2.2.3

59

Spielesammlung M8-2.2.3

60

Spielesammlung M8-2.2.3

2.4 Die Klassenarbeit (FA)

Spieldauer	Einzel/Gruppe	Lautstärke	Lerneffizienz	Beliebtheit
45 Min	•••• / ❖ / ■	💣	💡💡💡	☺☺☺

Spielbeschreibung

Die Schüler erhalten die Kopie einer bereits geschriebenen (erfundenen) Mathematik-Klassenarbeit (Kopiervorlage auf Seite 56), die allerdings eine Reihe von Fehlern aufweist. Aufgabe der Schüler ist es, diese Fehler zu finden und die fiktive Klassenarbeit als „Lehrer“ zu beurteilen. Das Ganze kann dann noch mit einer Note, einer Unterschrift und nach Wahl mit einem Kommentar des „Lehrers“ abgerundet werden. Gerade Letzteres wirkt auf die Schüler sehr motivationsfördernd.

Im Anschluss an die Korrektur in Einzelarbeit werden die Beurteilungen an der Tafel verglichen, so dass man sich schließlich auf eine gemeinsame Endnote einigen kann.

Tipp für das Spiel

Für die gemeinsame Besprechung der Klassenarbeit bietet es sich an, sie auf eine Folie zu kopieren.

Spielvariante

Die Schüler formulieren in Kleingruppen eigene „Klassenarbeiten“, die dann anschließend unter den Kleingruppen ausgetauscht werden können.

Material

Pro Schüler eine Kopie einer fiktiven Klassenarbeit, eine Folie.

Lösung

Aufgabe 1: Fehler bei Äquivalenzumformung
Aufgabe 2: Definitions- und Lösungsmenge fehlen
Aufgabe 3: 2. Term falsch berechnet
Aufgabe 4: Lösung nicht mit der Definitionsmenge verglichen
Aufgabe 5: Nenner des 1. Bruchs falsch faktorisiert

Klasse 8c Wilhelm-Busch Schule Name: Max Moritz

Klassenarbeit Nr. 5

1. Aufgabe: *Bestimme die Lösungsmenge.*

$-\frac{21}{x}-\frac{4}{x}=2$ mal x

$-21-4=2$

$\mathbb{L}=\{\ \}$

2. Aufgabe: *Gib die Definitions- und Lösungsmenge an.*

$\frac{4x}{2x+1}=4$ mal 2x + 1

$4x = 8x + 4$

$-4x = 4$

$x = -1$

$L=\{-1\}$

3. Aufgabe: *Gib die Definitions- und Lösungsmenge an.*

$\frac{5}{2x}-\frac{1}{2}=\frac{1}{x}$ HN : 2x

$D = Q \setminus \{0, 1\}$

$\frac{5}{2x}-\frac{2x}{2x}=\frac{2}{2x}$ mal HN

$5-2x=2$

$3=2x$

$x=\frac{3}{2}$

$L=\{\frac{3}{2}\}$

4. Aufgabe: *Gib die Lösungsmenge an.*

$\frac{x+8}{x\cdot(x+2)}=\frac{3}{x}-\frac{3}{x+2}$ $D = Q \setminus \{-2, 0\}$

$\frac{x+8}{x(x+2)}=\frac{3(x+2)}{x(x+2)}-\frac{3x}{x(x+2)}$ mal HN

$x+8=3(x+2)-3x$

$x+8=3x+6-3x$

$x=-2$ $L=\{-2\}$

5. Aufgabe: *Gib die Lösungsmenge an.*

$\frac{1}{x^2-9}+\frac{1}{2x+6}=\frac{2}{x-3}$ $D = Q \setminus \{3, -3\}$

$\frac{1}{(x-3)(x-3)}+\frac{1}{2(x+3)}=\frac{2}{(x-3)}$

$\frac{2(x+3)}{2(x+3)(x-3)(x-3)}+\frac{(x-3)(x-3)}{2(x+3)(x-3)(x-3)}=\frac{4(x+3)(x-3)}{2(x+3)(x-3)(x-3)}$ mal HN

$2x+3+x^2-9=4x^2-36$

$-3x^2+2x+39=0$

Note:_____

III Geometrie: Kongruenz und Figuren

1 Kongruenz

1.1 Der Schneewalzer

Spieldauer	Einzel/Gruppe	Lautstärke	Lerneffizienz	Beliebtheit
20 - 30 Min	....	💣	💡	☺☺

Spielbeschreibung
Die Schüler erhalten jeweils ein Arbeitsblatt (Kopiervorlage auf Seite 58) mit einer Spielbeschreibung und Bewegungskärtchen sowie ein weiteres Arbeitsblatt (Kopiervorlage auf Seite 59) mit der Schrittfolge des Balztanzes. Sie sollen nun die Bewegungskärtchen entsprechend der Arbeitsanweisung auf der Spielbeschreibung der Schrittfolge des Balztanzes zuordnen. Bei richtiger Reihenfolge der Bewegungskärtchen ergeben die auf den Kärtchen stehenden Buchstaben den Lösungsbegriff:

MARK TWAIN

Material
Je Schüler zwei Arbeitsblätter.

Der Schneewalzer

In einem Land, weit weit fort von hier, da lebte einmal das Volk der einbeinigen Zauberzwerge. Normalerweise wäre diesem Volk keine größere Beachtung zu schenken, wäre da nicht der eigenwillige Balztanz, mit dem die Zwerge um die Gunst ihrer Angebeteten werben. Von diesem Tanz wird erzählt, dass sich jede Frau, die ihn auch nur einmal gesehen hat, unsterblich in den Tänzer verliebt. Schon viele fremde Völker versuchten, hinter das Geheimnis dieses Tanzes zu kommen, doch jedem blieb nur ein kurzer Augenblick, indem er dem Tanz zuschauen konnte und schon wurde er entdeckt. So konnten sich die Betrachter immer nur Bruchstücke des Tanzes merken. Diese Tanzelemente findest du auf den unten abgebildeten Kärtchen.

Nun beging aber ein Zwerg einen folgenschweren Fehler: Er tanzte den Tanz für seine Angebetete in einer Winternacht, nachdem gerade eine dünne Schicht Neuschnee gefallen war. Am nächsten Morgen kam wieder einmal ein "Spion" vorbei und entdeckte die Spuren im Schnee. Aus seinen gesammelten Aufzeichnungen kannte er zwar die einzelnen Schritte, Bewegungen und Spiegelungen, konnte sie bisher jedoch nicht in die richtige Reihenfolge bringen.

Kannst du die Kärtchen in die richtige Reihenfolge bringen? (Wenn dir das gelingt, ergeben die Lösungsbuchstaben, das Geheimnis des Tanzes, den Namen eines Bekannten Autors.)

N	Drehung im Uhrzeigersinn um 110°.
M	Verschiebung um 2 cm.
I	Verschiebung um 7 cm.
A	Spiegelung
A	Spiegelung
R	Drehung um 70°.
W	Verschiebung um 8cm.
K	Verschiebung um 5 cm.
T	Drehung um 180°.

Der Schneewalzer

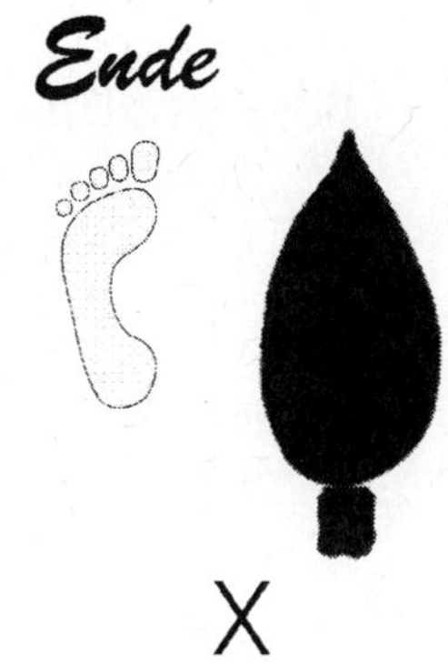

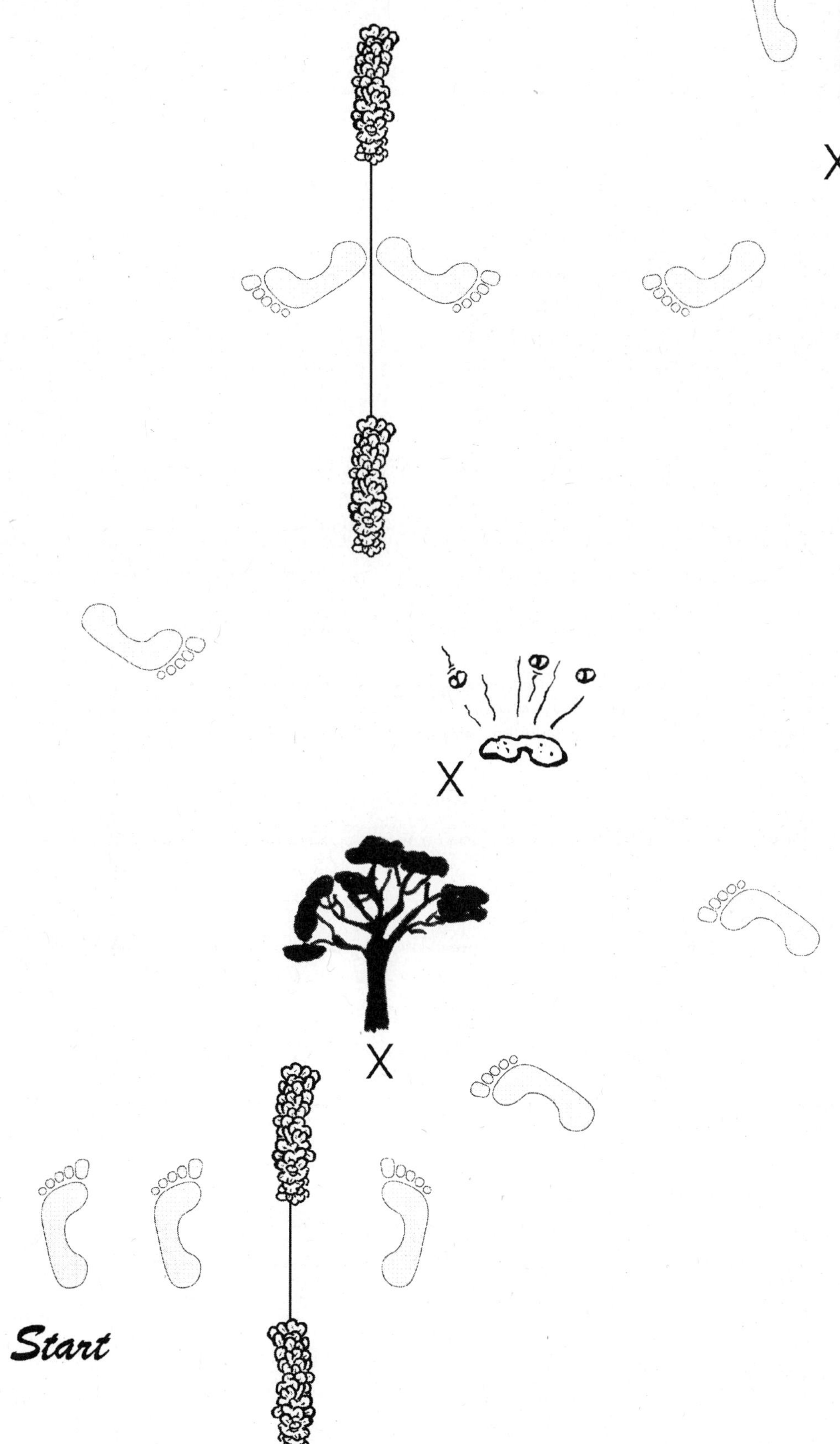

1.2 Kongruenzsätze Würfeln

Spieldauer	Einzel/Gruppe	Lautstärke	Lerneffizienz	Beliebtheit
20 - 30 Min	❖	💣💣💣	💡	☺☺☺

Spielbeschreibung

Die Klasse wird in Kleingruppen aufgeteilt, die jeweils drei Würfel mit den Seitenbeschriftungen α, β, γ, a, b und c erhalten. Zusätzlich erhält jeder Schüler eine Kopie des Spielplans mit einem Beispieldreieck und einer Tabelle (Kopiervorlage auf Seite 61).

Der erste Spieler beginnt, indem er mit den drei Würfeln gleichzeitig würfelt. Das Ergebnis ist als bekannte Angabe zur Konstruktion eines Dreiecks zu deuten. Lässt sich mit den gewürfelten Angaben eindeutig ein Dreieck konstruieren, so trägt er diese Kombination in der entsprechende Zeile des Spielplans ein. Ergibt sich aus dem ersten Wurf keine Kombination, die einem Kongruenzsatz entspricht (weil z.B. eine Information doppelt auftritt), so hat der Schüler die Wahl, mit allen Würfeln oder einem Teil der Würfel neu zu würfeln. Es darf höchstens dreimal neu gewürfelt werden, danach ist der nächste Spieler an der Reihe.

Würfelt ein Spieler eine Kombination, die er schon in seine Liste eingetragen hat, so darf er diese nicht erneut eintragen, sondern muss versuchen, eine andere Kombination zu würfeln.

Gewonnen hat der Schüler, der zuerst alle Felder ausgefüllt hat.

Spielvariante

Alternativ zu den abstrakten Symbolen α, β, γ, a, b und c können auch konkrete Größen auf den Würfeln angegeben werden. Auch kann das Dreieck Δ ABC verändert werden, indem die Seite c nicht mehr die längste Seite ist. Daraus ergibt sich eine neue Kombination für den Kongruenzsatz Ssw.

Material:

Pro Schülergruppe drei Würfel mit beschrifteten Klebepunkten und pro Spieler einen Spielplan

Auf die Flächen jedes Würfels werden Klebepunkte mit folgenden Aufschriften angebracht: α, β, γ, a, b, c.

Spielplan Kongruenzsätze Würfeln

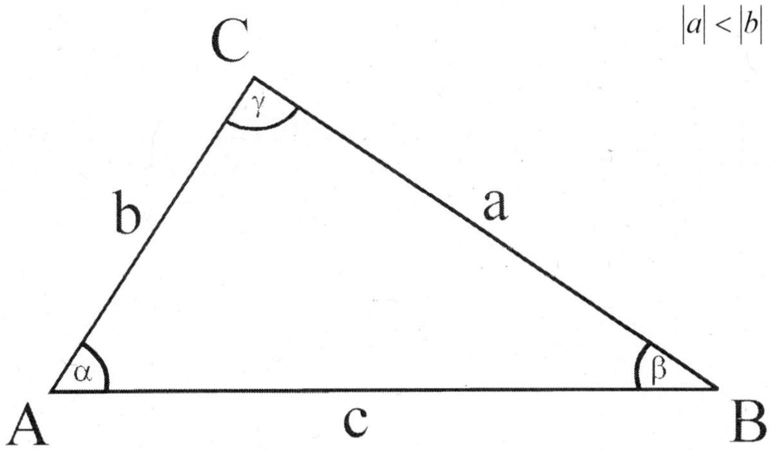

$|a| < |b| < |c|$

Kongruenzsatz **s s s**			
Kongruenzsatz **s w s**			
Kongruenzsatz **wsw / sww**			
Kongruenzsatz **S s w**			

2 Besondere Punkte und Linien im Dreieck

2.1 Das neue Schloss der Königin von Saba (FA)

Spieldauer	Einzel/Gruppe	Lautstärke	Lernneffizienz	Beliebtheit
15 - 20 Min	....	💣	💡💡💡	☺☺

Spielbeschreibung

Die Schüler erhalten jeweils eine Landkarte mit angedeuteten Siedlungen und einer Arbeitsanweisung (Kopiervorlagen auf Seite 63). Die Schüler sollen nun die drei Standorte der "Taxistände" und anschließend den idealen Ort für das neue Schloss der Königin mit Hilfe von Umkreiskonstruktionen finden.

Lösung

Der Punkt des obersten Fragezeichens ist der ideale Ort für das Schloss.

Material:

Pro Schüler ein Arbeitsblatt.

Das neue Schloss der Königin von Saba

Die Herrscherin im zentralafrikanischen Königreich Saba hat beschossen, sich ein neues Schloss bauen zu lassen.
Damit ihre Untertanen sie problemlose besuchen und sie beschenken können, hat sie beschlossen, "Taxidienste" einzurichten.
Je drei Dörfer sollen sich eine "Haltestelle" teilen. Wo sind die besten Plätze, wenn man berücksichtigt, dass es von jedem Dorf zum entsprechende Taxistand gleich weit sein soll? Von diesen 3 Plätzen ausgehend, wo sollte sie nun ihr Schloss errichten lassen, damit nun auch jeder "Taxiritt" gleich weit ist?

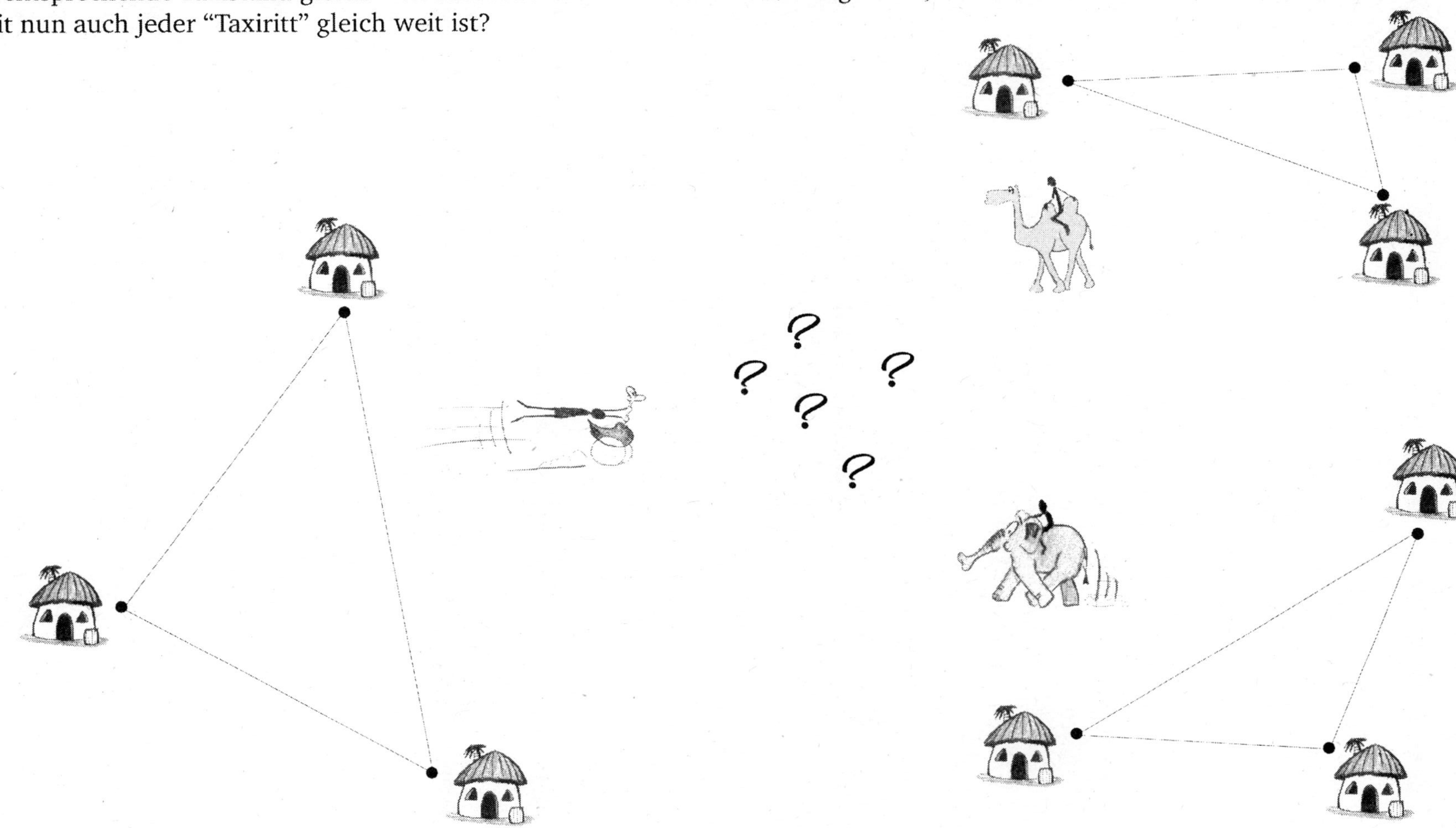

3 *Vierecke*

3.1 Vierecke versenken

Spieldauer	Einzel/Gruppe	Lautstärke	Lerneffizienz	Beliebtheit
45 Min	■	💣💣	💡💡💡	☺☺☺

Vorarbeit

Die Schüler erhalten jeweils einen Spielplan (Kopiervorlage auf Seite 66), auf dem Vierecke unterschiedlichen Typs abgebildet sind.

Die Schüler weisen den Figuren aus der unten stehenden Liste die entsprechende Bezeichnung zu. Anschließend sucht sich jeder Schüler zu jedem Viereckstyp ein Beispiel heraus, bezeichnet entsprechende Seiten und Strecken und ergänzt die Formel für die Flächenberechnung mit den üblichen Formvariablen in das jeweilige Kästchen.

Beispiel:

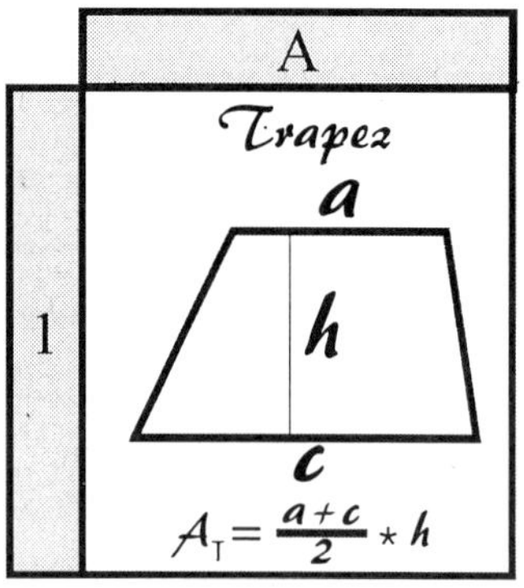

Als nächsten Schritt suchen sich die Schüler fünf weitere unterschiedliche Figuren heraus, schreiben ebenfalls die Formel zur Berechnung des Flächeninhalts auf, benennen nun jedoch die Seiten mit anderen Variablen.

Sie benutzen z.B. p, q und r anstatt a, c und h.

Spielbeschreibung

Die Klasse wird in zwei Großgruppen A und B eingeteilt. Ein Schüler aus Gruppe A überlegt sich eine Figur des Plans und schreibt das Feld der Figur (A1 bis D5) auf einen Zettel. Nun nennt er die Flächenberechnungsformel, die er im letzten Vorbereitungsschritt notiert hat. Die Schüler der Gruppe B müssen nun anhand der Struktur der Formel bestimmen, um welchen Viereckstyp es sich handelt. Hat sich die Gruppe (mit Hilfe der Moderation des Lehrers) auf einen Typ geeinigt, so sucht sich ein Schüler der Gruppe eine der 20 vorgegebenen Figuren mit der entsprechenden Eigenschaft heraus.

Beispiel:

Hat der Spieler der Gruppe A z.B. "F = u · v" genannt, so ist klar, dass es sich dabei nur um ein Rechteck handeln kann. Die Gruppe B hat nun die Wahl, auf das Feld (C1) oder (A4) zu tippen.

Hat der Schüler der Gruppe A das Feld (C1) aufgeschrieben und die Gruppe B hat dies auch erraten, so erhält sie einen Punkt und darf nun selbst eine Figur aussuchen. War der Tipp jedoch falsch, so erhält die Gruppe A einen Punkt, muss die Lösung (das Feld, das gemeint war) jedoch sagen, da kein Feld zwei oder mehrmals benutzt werden darf (auf diese Weise schränken sich mit der Zeit die "Trapeze" von selbst ein). Auch in diesem Fall wechselt das Recht, eine Flächeninhaltsformel nennen zu dürfen.

Gewonnen hat die Gruppe, die am Ende am meisten Punkte hat.

Spielvarianten

1. Nennt ein Spieler zu einer Figur eine falsche Flächenberechnungsformel, so erhält dessen Gruppe einen Punktabzug, ebenso kann verfahren werden, wenn die Gruppe, die das Feld erraten muss, aus der richtigen Formel einen falschen Rückschluss zieht.
2. Es können auch so genannte "überbestimmte" Formel erlaubt sein, wie z.B. $F_{Quadrat} = \frac{a+c}{2} * h$.

   In dieser Spielvariante lässt sich sehr gut auf die "Verwandtschaftsverhältnisse" im Haus der Vierecke anknüpfen.

Material

Je Spieler ein Arbeitsblatt und eine Kopie auf OHP-Folie zur Spieleinführung.

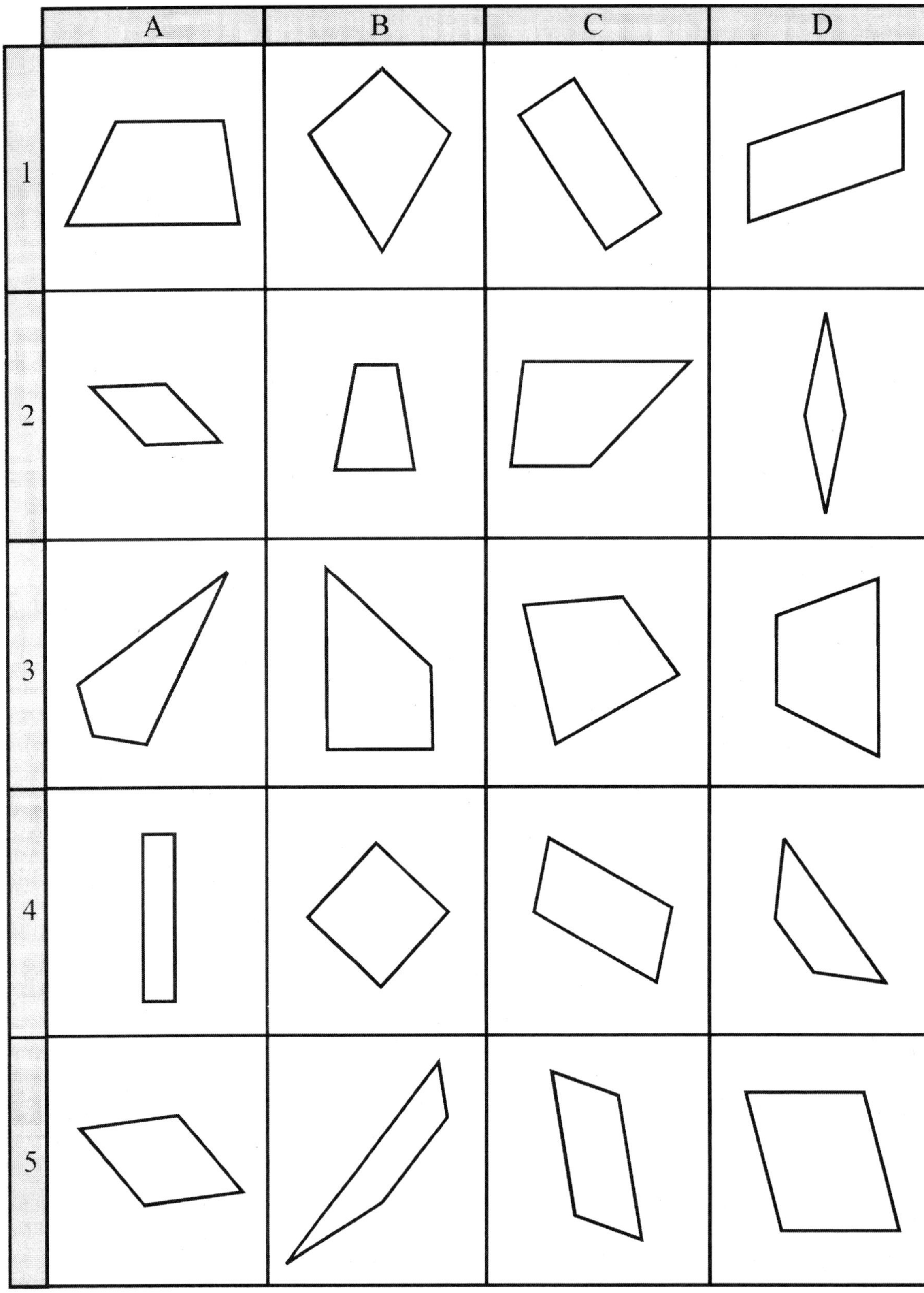

gleichschenkliges Trapez	Trapez	Drachen	Quadrat
gleichschenkliges Trapez	Trapez	Drachen	Parallelogramm
gleichschenkliges Trapez	Raute	Drachen	Parallelogramm
Trapez	Raute	Rechteck	Parallelogramm
Trapez	Raute	Rechteck	Parallelogramm

3.2 Brunch im Hause Viereck

Spieldauer	Einzel/Gruppe	Lautstärke	Lerneffizienz	Beliebtheit
20-30 Min	❖	💣💣	💡💡💡	☺☺☺

Spielbeschreibung

Die Klasse wird in Kleingruppen geteilt, die jeweils ein Spielbrett mit "Porträts" unterschiedlicher Vierecke (Kopiervorlage auf Seite 69), eine Spielanleitung (Kopiervorlage auf S.70), einen Würfel und für jeden Spieler eine Spielfigur erhalten.

Alle Spieler stellen ihre Spielfigur auf das Startfeld, die Eingangshalle, und versuchen, so schnell wie möglich mit ihrer Figur auf der anderen Seite das „Buffet"-Feld zu ereichen. Hierbei darf jeder Spieler pro Runde höchstens ein Feld vorrücken. Der erste Spieler beginnt zu würfeln und schaut in der Liste nach (Kopiervorlage auf Seite 70), ob er auf das erste Feld vorrücken darf. Falls nicht, muss er im nächsten Spieldurchgang wieder versuchen, eine Zahl zu würfeln, die es ihm erlaubt, auf das erste Feld vorzurücken.

Anschließend ist der nächste Spieler am Zug.

<u>Beispiel:</u>
Der Spieler hat eine "1" gewürfelt. Seine Figur kann entsprechend nach rechts oder oben vorrücken, nicht jedoch nach links. Die möglichen Zugrichtungen sind im Beispiel durch graue Pfeile markiert.

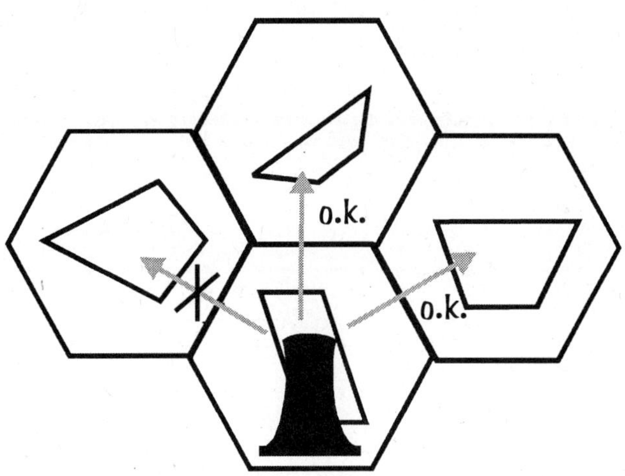

⚀ Rücke auf ein Porträt mit mindestens zwei parallelen Gegenseiten.

Es dürfen mehrere Spieler auch gleichzeitig ein Feld besetzen. Würfelt ein Spieler eine Anweisung, zu der es in seiner unmittelbaren Nachbarschaft kein geeignetes Feld gibt, muss dieser Spieler wieder in die Eingangshalle zurück und von neuem beginnen. Eventuell muss ein Spieler auch auf ein Feld rücken, das ihn wieder vom „Buffet"-Feld entfernt.

Gewonnen hat der Spieler, der mit seiner Spielfigur zuerst auf das „Buffet"-Feld kommt.

Material

Pro Kleingruppe ein Spielbrett, eine Anleitung, ein Würfel, pro Schüler eine Spielfigur.

Spielvariante

Neben dem erfinden eigener Kriterien sind auch diese denkbar:

	Rücke auf ein Porträt mit zwei gleich großen Winkeln.
	Rücke auf ein Porträt mit vier gleich großen Winkeln.
	Rücke auf ein Porträt mit zwei oder mehr Spiegelachsen.
	Rücke auf ein Porträt mit zwei benachbarten, gleich langen Seiten.
	Rücke auf ein Porträt mit Punkt- und Achsensymmetrie.
	Rücke auf ein Porträt mit keinem stumpfen Winkel.

BRUNCH IM HAUSE VIERECK

Familie Viereck lädt zum Brunch und alle kommen...
Wie jeden ersten Sonntag im Monat gilt das Vorrecht, der erste am Buffet zu sein, demjenigen, der sich in den Verwandtschaftsverhältnissen der Vierecks am besten auskennt.
Der Wettlauf beginnt in der Eingangshalle und es wird reihum gewürfelt. Die gewürfelte Zahl gibt an (siehe Tabelle unten), welche Eigenschaft das Viereck besitzen muss, auf das gerückt werden soll. Dabei spielt es keine Rolle, in welcher Richtung (vorwärts oder rückwärts) gezogen wird, so lange das Zielfeld unmittelbar an das Ausgangsfeld angrenzt.
Grenzt kein Viereck-Porträt mit der gewürfelten Eigenschaft unmittelbar an, so muss wieder zurück auf das Eingangsfeld gezogen werden.
Das Buffet selbst ist zu Ehren des Urahns „Opa Rechteck“ errichtet und ist somit Teil des Wettlaufs.

Opa Rechteck

Auf los geht’s los. Möge der Hungrigste gewinnen!

	Rücke auf ein Porträt mit mindestens zwei parallelen Seiten.
	Rücke auf ein Porträt mit mindestens zwei gleichlangen Gegenseiten.
	Rücke auf ein Porträt mit gleichlangen Diagonalen.
	Rücke auf ein Porträt mit senkrechten Diagonalen.
	Rücke auf ein punktsymmetrisches Porträt.
	Rücke auf ein achsensymmetrisches Porträt.

BRUNCH IM HAUSE VIERECK

IV Herstellung von Spielmaterial

Für die Herstellung der Spiele aus den vorgegebenen Kopiervorlagen gibt es verschiedene Techniken, die sich im Zeit- und Kostenaufwand, in der Haltbarkeit der Materialien, ihrer äußeren Form und in der Umweltverträglichkeit unterscheiden. Im folgenden Abschnitt sollen die verbreitetsten Methoden (Karton, Pappe und Laminierung) vorgestellt werden.

1 Karton

Die Verwendung von Karton bietet sich bei der Herstellung relativ fester Arbeitsmaterialien wie z.B. von Kartenspielen an. Da man die Kopiervorlagen direkt auf Karton (160-170 g / m^2) kopieren kann, ist die Herstellung der Arbeitsmaterialien einfach, preiswert und schnell. So lässt sich z.B. das Schneiden von Karton ohne großen Aufwand mit einer Schere oder einem Schneidegerät durchführen. Da es inzwischen in den meisten Kopierläden bei Karton eine große Farbauswahl gibt, ist die äußere Form dieser Materialien durchaus ansprechend. Zudem können unterschiedliche Farben bei der Sortierung von mehreren Kartensätzen eine große Hilfe darstellen.

Ein Nachteil von Karton ist die geringe Haltbarkeit. Diese lässt sich aber durch eine Lackierung (vergleiche Abschnitt 4.2) oder eine Laminierung (vergleiche Abschnitt 4.3) nachträglich erhöhen.

2 Pappe

Durch die Verwendung von Pappe statt Karton lässt sich haltbareres Material herstellen, das in Optik und Handhabung sehr gut ist. So lassen sich z.B. Domino- oder Memory-Karten in einer überzeugenden Qualität herstellen. Nachteil dieses Verfahrens ist der hohe Arbeitsaufwand. Im folgenden werden zwei Verfahren vorgestellt:

1. Verfahren

Benötigte Materialien

a) Graupappe (ca. *1 mm* stark)
b) Leim: Holzleim oder Buchleim (etwas teuer)
c) Pinsel (ca. *3 cm* Breite)
d) Acryllack (farblos)
e) Schaumstoffwalze
f) Kleine Wanne

Arbeitsgang

1. Die Vorlage wird auf farbiges Papier oder Karton (Karton deckt besser, ist aber teurer) kopiert.
2. Der Leim wird mit etwas Wasser oder (besser) Tapetenkleister verdünnt, so daß er gut streichfähig ist. (Ein Marmeladenglas mit großer Öffnung stellt hier eine günstige Aufbewahrungsmöglichkeit dar.)
3. Die Graupappe wird dünn mit dem Leimgemisch bestrichen. Danach kann der Karton bzw. das Papier mit der Kopie aufgelegt werden. Dieser Arbeitsschritt kann bei Bedarf auf der Rückseite wiederholt werden. Anschließend wird die beklebte Graupappe zwischen Zeitungen gelegt und beschwert. So sollte sie etwa einen Tag trocknen können.

4. Der Acryllack wird in eine Wanne gegeben und mit der Schaumstoffwalze längs und quer auf den Karton bzw. das Papier mit der Kopie aufgetragen. Eine Nacht trocknen lassen.
5. Die fertigen Arbeitsmaterialien können nun geschnitten werden.

Die so hergestellten Materialien sind sehr angenehm zu handhaben, im Gebrauch aber leider recht empfindlich. Gerade in dieser Hinsicht hat das zweite Verfahren, das im folgenden vorgestellt wird, deutliche Vorteile.

2. Verfahren

Benötigte Materialien

- Graupappe (ca. *1 mm* stark)
- Sprühkleber
- Selbstklebende Folien (durchsichtig)

Arbeitsgang

1. Die Vorlage wird auf farbiges Papier oder Karton (Karton deckt besser, ist aber teurer) kopiert.
2. Das Papier/der Karton wird mit Sprühkleber (damit verhindert man Falten und Bläschen) auf die Pappe geklebt.
3. Die Pappe wird von beiden Seiten mit durchsichtiger Folie beklebt. Hierbei gibt eine matte Folie (schwer im Handel erhältlich) ein besseres Ergebnis.
4. Die fertigen Arbeitsmaterialien können nun geschnitten werden.

Das zweite Verfahren ist im Gegensatz zum ersten weniger zeitaufwendig. Die hergestellten Materialien sind auch haltbarer, unempfindlich gegen Flüssigkeiten, und sie lassen sich (z.B. mit Folienstiften) beschreiben, also mehrfach verwenden.

Das zweite Verfahren eignet sich im übrigen auch für die Herstellung von Spielbrettern. Eine mögliche Konstruktion für ein faltbares Spielbrett zeigt das folgende Bild:

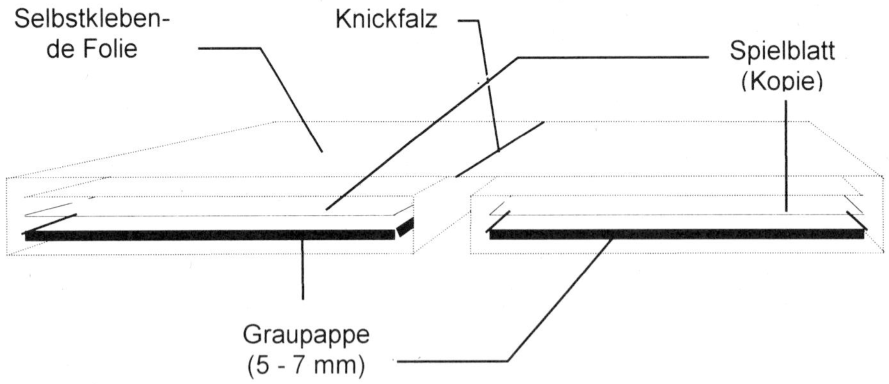

3 Laminierung

Mit einem Laminator lässt sich in kurzer Zeit aus einfachem kopierten (farbigen) Papier sehr haltbares und in der äußeren Form schönes Arbeitsmaterial (z.B. Spielkarten) herstellen. Nachteil dieses Verfahrens ist die teure Anschaffung eines Laminators. Allerdings können solche Geräte auch in den meisten Kreisbildstellen von Lehrern ausgeliehen werden. Zusätzlich gibt es in einigen Kopierläden die Möglichkeit, Papier zu laminieren.